藤田徹文

いのちの出遇い

歎異抄講話Ⅱ

法藏館

いのちの出遇い——歎異抄講話Ⅱ＊目次

第三講　往生

第四講　信心

いのちの出遇《であ》い

——歎異抄講話Ⅱ

装幀　井上二三夫

『歎異抄』第一章

　弥陀《みだ》の誓願不思議《せいがんふしぎ》にたすけられまゐらせて、往生《おうじょう》をばとぐるなりと信《しん》じて念仏《ねんぶつ》申《もう》さんとおもひたつこころのおこるとき、すなはち摂取不捨《せっしゅふしゃ》の利益《りやく》にあづけしめたまふなり。

　弥陀《みだ》の本願《ほんがん》には、老少《ろうしょう》・善悪《ぜんあく》のひとをえらばれず、ただ信心《しんじん》を要《よう》とするべし。そのゆゑは、罪悪深重《ざいあくじんじゅう》・煩悩熾盛《ぼんのうしじょう》の衆生《しゅじょう》をたすけんがための願《がん》にまします。しかれば本願《ほんがん》を信ぜんには、他《た》の善《ぜん》も要《よう》にあらず、念仏《ねんぶつ》にまさるべき善《ぜん》なきゆゑに。悪《あく》をもおそるべからず、弥陀《みだ》の本願《ほんがん》をさまたぐるほどの悪《あく》なきゆゑにと云々《うんぬん》。

意訳

　阿弥陀如来のおちかいの不思議なちからにたすけられて、その如来の世界――お浄土――に生まれさせていただくことであると信じ、お念仏を称《とな》えようと思いのおこるとき、ただちに光明のうちに摂《おさ》め取って捨てられないというご利益をいただくのであります。

阿弥陀如来のご本願には、老若・善悪という分けへだてはありません。ただ願力におまかせする信心ひとつがなによりも大切だと知らねばなりません。

それというのも、もともとこのご本願は、罪の重いもの、煩悩の深いものをすくうためにおこされたご本願だからであります。

そういうことですから、阿弥陀如来のご本願を信じたならば、往生のためには、お念仏のほかに何一つ善を必要といたしません。お念仏にまさるような善はないからです。またどんな悪も恐れる必要はありません。ご本願をさまたげるほどの悪はないからです、との仰せでありました。

第三講　往生

一　はじめに

今日は第三回目です。東京大学の佐藤正英先生は、『歎異抄』は後半が本文で、初めの十章は「大切の証文《しょうもん》」で、もともと後ろにあった文章だと言われています。蓮如上人が巻物を切って今のような折本にする時に前後を入れ替えられたり、後書きの所は順序を間違えられたのではないかと、佐藤先生は言っておられます。

確かに内容から言うと、後半が『歎異抄』という名前にふさわしい内容です。『歎異抄』というのは「間違いを歎ずる書」ということで、十一章からは、具体的にこんな間違いがある、あんな間違いがあると書かれているのです。

前半の十章は、親鸞聖人のお言葉です。これは後序にある「大切の証文」といわれているご文で、蓮如上人はこの大切なご文を先にいただいてから、どこがどう違うのかを味わった方がいいのではないか、前後を入れ替えた方がいいと思って入れ替えられたのではないかと私は思います。ただ何となく入れ替えられたわけではないと思います。

浄土真宗の教えを聞く者としては大切なお言葉をしっかりいただいた上で、具体的な間違いを一緒に考えた方がいいのではないかという思いで、前後を入れ替えられたのだろうと、私は思います。

けれども、浄土真宗本願寺派に属する私たちが「蓮如上人が勝手に……」とは言えないから、そんなことは言いませんでした。東京大学の佐藤先生は本願寺に縛られていないから自由に言えるので、うらやましい面があります。

特に第一章は総論です。なかなかむずかしいところです。二章から九章までは各論です。十章は結語といって、まとめの言葉になるのです。

第一章は総論。浄土真宗はどういう教えか。そして第二章から九章までは、その時その時の場面というか、その時その時の状況の中での話です。そして、第十章は念仏とはどういうものかという結語です。短いですから、結論というより結語で、結びの言葉です。これが前半です。

ここをしっかり味わった上で、具体的な問題を考えた方がよりいいのではないかという意図があって、蓮如上人は前後をひっくり返されたのではないかと思います。佐藤先生の言われる通りなら、こういうふうに味わうしかないと私は思います。

第一章は短い文章で「浄土真宗とは何か」ということが、すべて詰まっていますから、大事な言葉がたくさん出てきます。第一章をきちんと済ますと、あとは楽です。

第一章は同じことを短い文章の中で言い換えてあるのでむずかしいのです。「弥陀の誓願不思議にたすけられまゐらせて、往生をばとぐるなりと信じて念仏申さんとおもひたつこころのおこるとき、すなはち摂取不捨《せつしゆふしや》の利益《りやく》にあづけしめたまふなり」の、この言葉に浄土真宗の教えのすべてが入っています。この文章がむずかしいのは、同じことを言葉を換えてくり返してあるからです。

今日お話する［往生］についてですが、往生とは、その前にある「たすけられる」ということです。「たすけられる」ということが往生ということです。そして、さらに、そのたすけられるということ、往生とはどういうことかというと、「摂取不捨の利益にあづけしめたまふなり」、摂取不捨の利益をいただくということです。だから同じことが言葉を換えて短い文章に三回言われているのです。

また、「念仏申さん」というのと「信じて」というのは、別のことではありません。これも一つのことです。一つのことを短い文章の中でくり返されているものですから、むずかしく感じるのです。

二　往生とは

今日は「往生」という話をしながら「たすけられる」「摂取不捨の利益にあづけしめたまふなり」ということをお話ししたいと思います。

まず「往生」という言葉の意味から言うと、「往《おう》」・「生《じょう》」ですから往《い》って生まれるということです。どこからどこに往って生まれるのか、その「どこから」というのと「どこに」ということが、往生という言葉の裏にはあります。

「どこから」「どこに」往くのかをはっきりさせないと、往生ということがはっきりしません。

「往く」というのですから、じっとしていたら往くことにはなりません。今は春のお彼岸《ひがん》でありますが、「どこに」といったら、彼岸に往くのです。「どこから」といったら、こちらの岸からです。こちらの岸から彼の岸に往くのです。こちらの岸はどういう岸かというと、こちらは穢土《えど》と言われる世界です。そういうことがわかっていないと「往生」と言われても、はっきりしません。

穢土の反対の彼岸は、浄土です。此岸《しがん》（こちらの岸）は迷いの世界、仏教では迷いを「生死《しょうじ》」といいます。生死の世界、迷いの世界です。対して、彼岸はさとりの世界です。さとりの世界に対して此岸は生死の世界、迷いの世界。また、彼岸は光の国です。親鸞聖人は、光の国、無量光明土《むりょうこうみょうど》と言われます。此岸は反対で、闇《やみ》の世界です。ですから、往生とは、闇の世界から光の世界に往く。往とは、そこに生まれることです。

ところが、私たちは自分が今、どこに居るかがよくわかっていません。「往く」と言っても、「どこに往かなくとも、ここでいい」と思っています。「よそへ往かなくても、ここでいい。せっかく人間に生まれたのだから」と思っています。だから「往く」と言っても、まったく自分の問題になってこないのです。

だから往生ということを考える時、「今、私たちが闇の世界に居る」ということがある程度わからないと、往くということが、どういうことかわかりません。私たちは、今どこに居て、どういう世界に往くのかが、「往《おう》」ということです。「往《おう》」は現在進行形でアイ・エヌ・ジー（ing）だと言った先生がいます。「往《い》く」と言うから動いているわけです。ジッとしていたら往生ではないのです。

死ぬことが往生ではないのです。往き詰まることが往生ではありません。止まっていたら往生ではないのです。光の国に生まれていく。そのことを「往生」というのです。もっと言いますと、生まれるためには古いものを捨てなければいけません。だから此岸を捨てるということがないと、生まれることはありません。闇の世界の「命」が終わるということがないと、新しい「いのち」は始まりません。今までの「命」が終わり、新しい「いのち」が生まれるのです。

仏教は、どこまでも「いのち」は死なない、終わらないという立場です。古い「命」が終わって、新しい「いのち」が始まるのです。

だから仏教では「死ぬ」と言わないのです。世間では死ぬといいますが、仏教ではそれが新しい「いのち」の誕生なのです。親鸞聖人は、ご信心とは「長生不死《ちょうせいふし》の神方《しんぽう》」、長生きして死なない、神髄の方法であると言われたのです。

「往生」とは、死ぬということでなく、死なない話なのです。古いものを捨てて、新しい

「いのち」として生まれるということです。私たちは、つかまえたものを捨てないから難《なん》儀《ぎ》なのです。「足が痛い、体が痛い、難儀だ」と言う人がいるので、「難儀な体、早く捨てればいいのに」（笑い）と言いましても、よう捨てません。難儀でも捨てられません。（笑い）すべてが、執着です。

まず、私たちが今居る場所はどういう所か。この自分の居る場所、出発点がわからないようでは、「往《い》く」と言っても、ことは始まりません。私たちの今居る場所を、此の岸とか、穢土とか、迷いの世界とか、闇とか言われるのですが、まず「闇」ということで話しましょう。

「往《おう》」とは、闇の世界を出るということです。出ないと往《い》くことはできません。また、ここを離れて生まれるのです。闇の世界を出《で》、離れるということと、浄土に往生するということは一つのことです。「生死出離《しょうじしゅつり》」が、そのまま「浄土往生」です。

また言葉を換えたら、闇の世界から解放されて、脱出するのです。それを解脱《げだつ》、「生死解脱」というのです。往生と出離・解脱は同じことです。闇の世界を出、離れるということが、光の国に往《い》き生まれるということです。

だから、闇の世界にジーッと居座っていて、光の国に往くことは絶対にないのです。闇の世界に籠《こも》っていたら、いつまでたっても光の国には往《い》けません。浄土真宗以外の仏教は「解脱」と言いますが、「出離」・「往生」と違うことを言っているのではありません。

浄土真宗のいちばんの特徴は、「往生のみち」を歩んでこの身が終わると同時に光の国に生まれるのです。「往生のみち」のはじまりが「即得往生《そくとくおうじょう》」で、「往生のみち」の極まりが「難思儀往生《なんじぎおうじょう》」です。往生は「みち」として説かれるのです。光の国に一気に往き生まれたらいちばんいいのですが、一気にはなかなか往けません。この身、念仏に導かれ支えられて光の国に往くのです。

まず、私たちは今、闇の世界に居る。これがなかなかわからない。死んだ人が闇の世界に行くと思っている人がいます。自分たちは今、明るい所に居て、死んだ人が闇の世界に行くと思っていませんか。

お葬式の弔電弔辞を聞いていると、皆死んだ人が闇の世界に行くと言っています。「ご冥福《めいふく》をお祈りします」と。冥福というのは、冥土《めいど》の幸福ということです。辞書を引いたら、死後の幸福と書いてありました。死後即冥土という考え方が、世間一般にあるのです。「冥福を祈ります」ということは、冥土とは暗闇の世界・迷いの世界ですから、「あなたはどうせ死後、暗闇の世界・迷いの世界に生まれるのでしょうが、暗闇は暗闇ながら、迷いは迷いながらに幸福になってください」ということです。何か捨てゼリフ（笑い）みたいですね。それが「冥福を祈る」ということです。

知らずにそういうことを平気で言っているのです。今、明るい世界に居るものが、死んだら暗闇に、迷いの世界に行くという話が「冥福を祈る」です。私がそんなことを言われたら腹が立ちます。死んだ人はものを言わないから安心してそういうふうに言うのでしょう。死んだ人がものを言えたら、「冥福を祈るなんて、何と失礼なことを言うのか」と怒りますよ。

私たちは暗闇・迷いの世界に行くのではなく、光の世界・さとりの国に往くのです。どうしてこんなふうに反対になったのかというと、結局、今私たちは光の世界に居ると思っているからです。仏さまの教えから言うと、私たちの今が闇の世界、迷いの世界、穢土に居るのです。

「私たちは今、どういう闇に居るのか」というと「無明《むみょう》の闇」に居るのです。闇というのは、「明かりのない世界」です。明かりのない世界、それを「無明」といいます。ていねいに「無明の闇」と言葉を重ねてあるのです。

仏教では、何によって明・闇と言うのかというと、電気の光とか太陽の光で明闇を言っているわけではありません。智慧《ちえ》のある・なしで明闇を言っているのです。だから智慧のないのが闇です。智慧のない世界で私たちは迷っているのです。だから一時も早くそこを離れなければいけません。そこを離れることが「たすけられる」ということであり、そこを離れることが「摂取不捨の利益」をいただいているということです。

三　智慧とは

では、智慧とは何か。いろんな解釈ができますが、いちばんわかりやすく言うと、「智」というのは、表側、外側がありのままに見えることです。このありのままというのが大事なのです。見えるか、見えないかではなく、ありのままに見えるということが大事です。皆さんは何でもありのままに見えていますか。

私たちは、「ちゃんと見ている」と言っても、ありのままには見ていないのです。どう見ているかというと、自分の都合のいいように見ている。自分の思いに合わせて見ている。先入観で見ている。また、その時の感情で見ています。ありのままに見ていたら、同じものは誰が見てもいつも同じように見えるはずですが、私たちは同じものを見ても、その時の都合によって、よく見えたり、悪く見えたりするのです。また違う人が見ると、同じものをまったく違って見るのです。

私がいつも例にあげるのは、同じ顔でもその時の思いで、よくも悪くも見えるのです。例えばブッシュさんが大統領になった時は男前だと思ったのです。最近テレビで見ていると鬼ではないかと思うことがあります。いろんな思いが入ってくると、同じ顔がよく見えたり悪く見えたりするのです。

だから、同じ顔でも下に殺人犯と書いてあったら、「悪そうな奴だな」と見る。（笑い）私の顔でも、下に殺人犯と書いてあったら、「こういう奴が人を殺すのだ」と見ます。（笑い）「そんなことない、私は先生の顔をいつも同じように見てます」と言う人がいても、本当はそんなことはないでしょう。

反対に「人命救助した○○さん」と書いてあったら「いい人だな」と見ます。同じ顔でも違って見えるのです。ということは、いかに私たちの目があやふやな目かということです。ありのままに見ていないのです。

二言目には「私はこの目で見た」と言う人がいます。そういう人がいちばん危ない人です。（笑い）何かあったら「私はこの目で見た」。（笑い）この目が危ないというのが、仏教の教えです。「この目は危ないのですよ。ちゃんと見ているようで見ていないのです」。そのことを教えてくださるのが仏教です。

「じゃあ、どの目が間違いないのですか」というと、親鸞聖人は「如来の御《おん》こころに善《よ》しとおぼしめすほどにしりとほしたらば」と言われています。『歎異抄』の後序のお言葉です。如来さまがよしと見られたら「善」であり、如来さまが悪しと見られるようなものは「悪」だと言われるのです。私たちが言う善悪は本当に善か悪か「総じてもつて存知せざるなり」とまで言われました。

だから、私たちは二言目には「この目で見た」と言いますが、仏教を聞く人の言うことではありません。それは仏教を聞かない人が言うことです。仏教を聞いた者は「仏さまはどんなふうに見られるのかな」、「仏さまはどう言っておられるのか」と、聞いていくのです。いきなり仏さまと言わなくても、近いところでは「親鸞聖人はどう見られたかな」、「蓮如上人はどう見られたかな」と聞いていくのが真宗者なのです。

「自分がこの目で見たから」と押し通していくというのは、仏教者ではありません、それは、はじめから違っているのです。

また、「この耳で聞いた」と言う人がいます。この耳もいいかげんなことです。都合のいいように聞いていますから。同じ話を聞いても、皆同じように聞いていると思いますか。聞く人によって同じ話もみな違うでしょ。お婆ちゃんが聞いたら「今日の話は嫁に聞かせたらよかった」と聞くのです。（笑い）お嫁さんが聞いたら「今日の話はお婆ちゃんが聞いたらいい」となるのです。（笑い）

なぜこんなに変わってしまうのか。同じ話であっても、聞く人の思いによって変わってしまうのです。それが私たちの目であり、耳であるということです。「この目は確か」、「この耳は確か」という、それがいちばん間違っているのです。

世の中は「この目は確か」、「この耳は確か」と、それだけでやるわけです。絶対自分は間違っていないと頑張るのです。正義と正義が喧嘩する。自分が正しいと思っているもの同士が喧嘩するのです。喧嘩することが正しいかというと、そうではない。ところが喧嘩している本人は正しいと思っている。私たちの目・耳は非常に危なっかしいのです。

京都の立命館大学の安斎育郎先生が『人はなぜ騙《だま》されるのか――非科学を科学する』（朝日文庫）という本を出されました。その安斎先生が最近、「霊《れい》」についての本『霊はあるか――科学の視点から』（講談社ブルーバックス）を出版されました。その本の第二章「霊についての仏教各宗派の見解」に各宗派からアンケートを取った結果が載せられています。仏教の宗派にも霊があるという宗派があります。霊がないという宗派もあります。浄土真宗は霊があるとは言いませんが、仏教の宗派の中には霊があると言うところがあります。そう言わないと、お寺がやっていけない宗派があります。霊を払うとか、霊を取ってやろうという宗派です。霊がないと、商売と言ったらいけないのでしょうが、やっていけない寺があります。

安斎先生は、怪《あや》しげな新宗教に騙される人が多いと言われるのです。それが日ごろ宗教に縁のない若者が、そのような宗教に入っていくとのことです。それも優秀な学生が危ないそうです。だから私はあちこちで言うのです。「お子さんやお孫さんが優秀なら、気をつけないといけませんよ」と。（笑い）

どうして優秀な人が騙されるかというと、変に自分の目・耳に自信を持っているからです。「私は優秀ではない」と思っている人は他の人に相談します。「こんなこと言う人がいるけれど本当だろうか」と。優秀な人は相談しない。「この目は確か、この耳は確か」と。私たちは目が不自由でなければ、そこにものがあるかないかは見えます。けれども、ありのままに見えているかというと、どのくらい見えているか、怪しいものです。

「智慧」の慧《え》というのは内面がありのままに見えるということです。こっちになったら、私たちはほとんど見えていないのです。私がいつも譬《たと》えに出すのは、私たちは自分の子どものことが本当に見えているかということです。どのくらい自分の子どものことが見えているかというと、あまり見えていないのです。

子どもの身体が大きくなったことは見えます。「うちの子も大きくなった」とか、「髪を長くしだした」とか、「胸がふくらんできた」とか、それは見えます。しかし、わが子が今、どんな気持ちで何を考えているかというのはわからないのです。

『少年A・この子を生んで』（文春文庫）という本を読みました。今から七年前、神戸で、小学生の首を切って中学校の校門の前に置いたのが、少年Aです。今年はもう二十一歳になります。早いですね。事件は少年が十四歳の時でした。少年のお母さんが、あの子を産んでから事件を起こすまでのことを書いたのです。少年は、いつも家に遊びに来ていた弟さんの同級生の首を切ったのです。あとでわかったことですが、小学生の女の子も金槌で叩いて殺していたのです。だから二人殺したわけです。

少年のお母さんはものすごく教育熱心なお母さんだったのです。男の子が三人いて、生活は少し苦しいけれど、親は子どもを見ておいてやらねばということで、ずーっと子どもの側についていたのです。

だから、子どもが少林寺拳法を習うと言ったら一緒に頼みに行く。子どもが卓球が好きだと言ったら無理して卓球台を買って練習の相手をする。悪戯《いたずら》をすると一緒に謝りに行く。私は悪戯して親に付いて来てもらって謝りに行ったことはありません。「謝ってこい！」と怒られるだけです。普通はそうでしょう。あのお母さんはそのぐらい子どもを見ていた。それなのに気づいたら、子どもはあんな恐ろしい事件を起こしていたのです。

捕《つか》まったあと、警察が家宅捜査したら、縁の下から猫の死骸等がいっぱい出てきたという。ずーっと見ていたはずなのに、全然わからなかったと書いてあります。タンク山という岩場で小学生の首を切って家に持って帰って、家の盥《たらい》で首を洗って、そして口をちょっと裂いて、そこに手紙を挟《はさ》んだのです。

それをずーっと家に居たはずのお母さんが、何にも知らなかったと言うのです。そして、最後に「子どものことが何もわからない親でした」、「十四年間ずーっと、子どもから目を離したらいけない、親は子どもを見ている責任があると思って、子どもを見ていたつもりなのに、子どものことが何も見えていませんでした。世間の皆さん、どうぞお許しください」と。それがこの本の結論です。

私たちは、子どものことが、どのくらい見えていますか。見えているつもりで見えていないのではないでしょうか。

夫婦はどうですか。もう四十年も連れ添っているから夫が一カ月留守しようと、（笑い）また、妻が三日ものを言わなくても、お互いの気持ちがよくわかっているという人がいますが、皆さんはよくわかっていますか？（笑い）

三十年も毎日毎日同じ屋根の下で顔を見ている。お互いの顔は見たくないほど見ているのです。だからお互い何もかもわかっているのかというと、これが案外わかっていないのです。何十年一緒に居てもわからない。お互いにあまり見えていないということでしょう。それが闇ということです。

「親の気持ちはよくわかっている」と言う人がいるけれど、親の気持ちもよく見えていないのではないですか。

ということは私たちはいったい何が見えているのか？　どれだけ本当にものが見えているのか。何も見えていないのです。ただ自分の「我」を相手に押し付けることだけで、あくせくしながら生きているのではないでしょうか。そうして自分の思い通りになると、わが子は「いい子だ」と言うのです。

夫婦もそうです。思うようになったら「いい夫と一緒になった」と言い、思うようにならないと「なんでこんなカスを摑《つか》んだのかな」と言う。（笑い）思うようになったら「いい妻だ」と言うし、思うようにならんと「一生の不作」と言う。（笑い）
親もそうでしょう。なかなか言うことを聞いてくれない、ぐずぐず言うと「親父は古い、親父は頭が固い」と言って切り捨てるのです。
私たちは皆、自分の思いで周《まわ》りの人を切っているだけで、結局周りの人のことが何も見えていない。だから、よく周りの人と衝突する。見えていたら衝突はしません。
本当に周りの人の内面が見える「慧《え》」があったら、周りの人に自然に頭が下がるのです。ところが私たちはなかなか周りの人に頭が下がりません。
ちょっとの違いのようですが、「頭を下げる」というのと、「頭が下がる」というのは全然違うのです。私たちは毎日頭を下げながら生きています。頭を下げないと日暮らしはできません。どれほど嫌いな人でも隣の人に会ったら「おはようございます」と頭を下げます。（笑い）商売していたら、いやな客でも「毎度、ありがとうございます」と頭を下げます。（笑い）
給料をもらっていたら、つまらん上役だと思っても「ありがとうございます」と頭を下げます。私も十年ほど給料をもらいましたが、給料をもらうのはつらいことです。給料もらうばっかりに、下げたくない頭を何べん下げるかわかりません。でも、頭を下げなかったら給料もいただけませんからね。

生きていくのは「頭を下げる」ことだと言っても過言ではありません。頭を下げるのがいやな人は、この世の中では生きにくいのです。本当はみんな頭を下げたくないのです。下げたくないけれど、下げないと生きられないのがこの世です。

中には思い違いして、地位が上がると自分ほど偉いものはないと思って、挨拶しても頭を下げない人がいます。「おはようございます」と言ったら、「いや、おはよう」と頭を上げる人がいます（大笑い）。こういう人は、もうどうしようもないですね。

私たちは「頭を下げる」ことはありますが、「頭が下がる」ことがないのです。「頭が下がる」というのは、相手の内面が本当に見えた時に、人間は頭が下がるのです。だから智慧のある人は「頭が下がる」日暮らしになるのです。闇の日暮らしは頭が下がらない日暮らしです。

さて、私の母の話です。私の母親は高齢ですが元気で居てくれます。もう八十八歳です。このごろは私の顔を見ると「飲むか」「飲むか」と言うのです。（笑い）私は生まれた寺を出てしまいましたから、年に何回かしか母に会うことはありませんが、私の顔を見たら母は「飲むか」と言うのです。でもそれははじめのうちだけです。ビールでも一本目くらいは「飲むか」と言う。二本目になったら「飲むな」と言うのです。（笑い）むずかしいですね。そして、注いでくれるのはいいのですけれど、注ぐ毎《たび》に一言言います。（笑い）

私が言ってほしくないことを母親が言うのです。飲み出して、調子が出てきたら、「お前このごろ血圧はどうなっとるか」と。（大笑い）ビールを飲んでいる時に血圧の話はしてほしくないです。けれど腹を立てるわけにもいきませんから、「うーん、ちょっと下が高いかなあ」。私、油断すると下が百を超えます。だから薬を飲んでいるのですが、それを母親が知っているものですから、はじめは黙っていても調子が出てくると「血圧はどうか」と、二本目になると必ず言うのです。

そして、しばらく経ったら次に「ところでお前、糖《とう》の方はどうなっとる」。（笑い）糖、これも言ってほしくないですね。糖も出ているのです。ずっと薬を飲んでいます。年に一回、自分で日を決めて二十五日ほど入院もしているのです。私が勝手に日を決めるので、お医者さんは怒ります。「あんたが勝手に決めて、勝手に来てもらったら困る」（笑い）「まあ、そう言わんと」と言って、入院させてもらっています。私はプロ野球の選手ではありませんが「キャンプインや」と言っているのです。（笑い）そういうことを母親が知っていて、「糖は」と言うのです。

そして最後の止《とど》めは「ところでお前、最近肝臓の具合は」。（笑い）こうなったら完全にビールの味はしません。腹が立ってくるのです。「飲め、飲め」とすすめておいて、調子が出てきたら「血圧は、糖は、肝臓は」ですから、腹が立ちます。

けれどよく考えてみると、こんなことを言ってくれるのは親だけです。広い世界で、どこへ行ったって、ビール注ぎながら「糖はどうなっていますか」（笑い）とは言いません。いわんや「肝臓は」とは言いません。親だけなのです。親ならこそ、言ってくれるのです。頭の毛が白くなった者に誰も注意してくれませんよ。言っても無駄だと思っていますからね。けれども、母親は無駄であろうとなんであろうと、言ってくれる。そんな言葉の裏にある親の心が少しでも受けとれたら、頭が下がるのです。

だから、人の気持ちが少しでも見えたら、人間は「ありがたいことです。すまんことです」と頭が下がるのです。

皆さんはどうですか？　家族に頭が下がりますか。頭が下がるどころか、みんな「親もつまらん、子もつまらん、皆つまらん、私の周りには、つまった人は一人も居ない」ぐらいに思っていませんか。（笑い）

夫もつまらん、妻もつまらん、隣の人もつまらん、皆つまらん、つまってるのは自分一人（笑い）みたいな顔をして、「我」を通すことだけに明け暮れて、思うようにいかないとお互いに傷つけ、責め合っているのが私たちです。

せっかく縁あって、一つ家に住んでいても、しょっ中衝突をくり返しながら、相手を傷つけている。これが闇の世界です。こういうあり方を「無明の闇」というのです。

こうやって周りの人の気持ちが見えないままに動いている。見えないのにどうして動くのかというと、その時その時の衝動で動いている。私たちは衝動で動いているのです。だいたい人間というのはよくものを考えているようですが、行動のほとんどは衝動です。その衝動的行動の結果として、自分が苦しんでいるのです。わが身を煩《わずら》わし、わが心を悩ませている。煩悩《ぼんのう》とは、一種の衝動です。人間みんな衝動で動いている。

私も昨日、衝動買いをしてきました。（笑い）京都で骨董市が彼岸の三日間あります。昨日、昼のお話が済んで、すぐに迎えに来てもらって、買ってきたのです。今日、飛行機に乗って「買わなければよかったかなあ」（笑い）とずーっと考えていたのです。使い道もよくわからないものを買ったのです。人間は何かにつけ衝動的です。

腹を立てる、これは完全に衝動です。一言気に入らないことがあると、怒りでパッと顔色が変わる人がいます。「瞬間湯沸かし器」と、昔は言ったのです。（笑い）そういう煩悩に引きずられているのが私たちです。

貪《とん》・瞋《じん》・痴《ち》の三毒《さんどく》の煩悩に引きずられているあり方が三塗《さんず》の黒闇《こくあん》です。ただの闇ではなく三塗の黒闇です。この世は無明の闇であり、三塗の黒闇です。そこを流転している相《すがた》を生死《しょうじ》・生死流転《るてん》というのです。こういうところを一時も早く出ることがなかったら、人生は悲しいものです。こういうところを出ていくことが「往生」です。

四　三塗の黒闇

三塗とはどういうところかについてお話しましょう。私たちは「わしが、わしが」の「我」で生きていますが、我の中身は煩悩です。

私は妙好人《みょうこうにん》の浅原才市《あさはらさいち》さんの詩をありがたいと思って、話しの中でよく引用させていただきます。才市さんは、「煩悩に目鼻つけたが、わが姿」とうたいました。私とは何かというと、煩悩に目と鼻をつけた生き物だと言われるのです。煩悩という衝動で生きているのが私なのです。

少し人生が順調にいくと、私の心には貪《むさぼ》りの煩悩が出てきます。「もっと、もっと」という貪りの心が起こってきます。仏教では欲が悪いとは言わないのです。欲もないといけない。どうしてかというと、私たちは欲がないと元気が出ません。また欲がないと成長しないのです。今よりいい生活をしたいとか、今より上に行きたいとか、これはみんな欲です。それが成長の元になる。人間は欲がないと成長もしないし、元気も出ません。「足が痛い、腰が痛い」と言っている人でも、「旅行に行く」と言ったら急に元気になる。（笑い）あれもやっぱり欲です。「行きたい」と思ったら、元気が出てくる。だから人間は、欲もないといけない。けれども欲が過ぎて貪りになったらいけないのです。

どの辺が欲と貪りの境界線かというと、仏教では「少欲知足《しょうよくちそく》」が境界線だと教えるのです。欲を少し抑え気味にして、足ることを知らなければいけないというのです。「知足」が大事です。足ることを忘れた時、人間は貪りの中に居るのです。「この辺で喜ばしてもらわないと」、「この辺で満足しないと」ということがないと、いけないのです。

はじめから「これで満足」では、成長しません。やっぱり欲もないといけない。しかし「この辺で喜ばないと」ということがないといけない。自分の持っているものがわからなくなるくらい持っていても、私たちはまだ新しいものを買うのです。

皆さんはどうですか。旅行へ行くというと一週間も十日も前から迷うでしょう。「これを着ていこうか、あれを着ていこうか」と。どれを着ても同じ顔なのにね。（笑い）「これ着よか、あれ着よか」と迷うほど持っているのに、また新しい服を買う。自分でわからないくらい持っていても、「もうこれでやめておこう」、「もうこの辺にしておこう」と止まらないといけないのに、どこまでも止まらないのが貪りです。

貪りの煩悩に引きずられている「いのち」を「餓鬼《がき》」というのです。持っても持っても喜びも感謝もない。喜びも感謝もない「いのち」は、どれほど大きな身体でも、貧しい痩《や》せ細った「いのち」です。

仏さまの目には、喜びと感謝を失った「いのち」は、貧しい痩せ細った「いのち」に見えているのです。そして下腹だけが膨《ふく》らんでいる。その下腹に溜まっているのは不足だけ。不足だけ腹一杯溜《た》めて、喜びと感謝を失っている姿を「餓鬼」というのです。

だから、餓鬼は死んでからの話ではありません。死んでからも餓鬼になるけれど、今すでに自分が餓鬼になっているのです。

その自分のあり方に気づいたら、一時も早くそこを出て、光の国に往《い》かなければいけないということになる。だから「往生」が大事な大事な人生の問題になってくるのです。自分がどこに居るかわからないから、往生が「死んでからの話」になるのです。自分の「いのち」が今どうなっているのかという、自身を知ることが大切です。

この餓鬼のことを「刀塗《とうず》」といいます。刀で塗り込められた世界ということです。刀とは、「貪り」のことです。私たちは「貪り」の刃をふり回しながら、自らの「いのち」を傷つけ、他の人の「いのち」を傷つけているのです。それが闇の世界であり、この世のあり方です。

そういう自分のあり方が少しはわからないといけない。そうしないと「往生」が「死んでからの話」になってしまいます。「死んだら」ではない、ここを出ていこうという話が「往生」の話です。闇を出ない限り、光の国には往けないのです。

次に、思うようにならないと私たちは腹を立てます。腹を立てると、だいたい私たちは他の人を悪者にして責めるのです。「あれがつまらんからこうなった」、「これがつまらんからああなった」と人を責めます。

人間はいい時はすべて自分の手柄、悪いことはすべて人の所為《せい》です。だから子どものことでも、悪いところは「お前に似た」と責任の押し付け合いをします。テストでも百点を取って帰ってきたら、「やっぱりわしの子や」と（笑い）自慢する。みな、いい時は自分なのです。悪い時は他の人の所為です。そういう人間ですから、うまくいかなくなると他を責める。この、他の人を責める「いのち」を「鬼」というのです。

私たちは他の人を責める時に顔色が赤くなるか、青くなります。真っ赤な顔をして人を責めているのが赤鬼（笑い）です。まっ青になって人を責めるのが青鬼です。だから鬼は赤と青しかいないのです。黄色はいない。（笑い）信号には黄色がありますけど、鬼には黄色がないのです。もし顔が黄色になったら、黄疸症状です。（大笑い）

才市さんも自分の姿を画いてもらった時にわざわざ角《つの》を画いてもらいました。その絵が今も残っています。そういう鬼が棲《す》んでいる所が地獄です。その地獄のことを「火塗《かず》」といいます。火塗というのは火の世界ということです。火とは、怒りの焔《ほのお》です。私たちは怒りによって人の身を焼き、わが身を焼いているのです。

そしてもう一つは「痴《ち》」。これは愚痴で愚《おろか》ということです。痴とは、生かされていることも知らなければ、わが「いのち」がどちらに向かって進んでいるのかも知らないあり方です。ただ、その時さえよければ、明日はどうなろうと、人がどうなろうと関係ないと寝そべって人生を終わってしまう。そんな生きものを「畜生《ちくしょう》」というのです。その畜生のことを「血塗《けず》」といいます。調子よくいったら寝ている。それが一つ気に入らなかったら、お互いに血を流し合っている世界です。私たちは今、正に三塗《さんず》の黒闇《こくあん》にいるのです。穢土《えど》というのは、煩悩渦巻いている世界のことです。また、三塗を行ったり来たりしているあり方を「生死・迷い」と言うのです。

今、私たちはいったいどこにいるのか。そのことが少しでもわかれば、「なんとしても往生の道を歩ませてもらわなかったら」ということになる。それが仏教の話です。なんとしても三塗から出なければ、なんとしても生死の世界から離れないといけないというのが、「往生」ということです。

五 「我」に執われない生き方

どうしたら闇を離れられるか。まず、迷いの原因を明らかにしなければいけません。迷いの原因は私たちが「わしが」という「我」に執《と》らわれて、周りの「いのち」を見失い、本当に信頼できるものを見失っていることにあります。その本当に信頼できるものを見失った状態を「疑い」というのです。

私たちが迷ういちばん根本にあるものが「疑い」です。だから、どうしたら迷いを出られるかというと、疑いが晴れたら出られます。その疑いが晴れた状態を［信］というのです。信心の［信］です。

疑いが晴れて、この［我］が破れたらいいのです。「無我《むが》」になったらいいのです。「無我」というのは私が無いということではありません。［我］に執われないということです。［我］の執われから離れることが「無我」です。私がなくなってしまうことではありません。

「この生死を出たい、離れたい」は、疑いが晴れることによって実現するのです。すなわち、本当に信頼できるものに出遇《であ》えばいいのです。

私たちはいろんなものに縛られています。いちばん私たちを縛っているものが［我］なのです。私たちは、外・内から縛られています。外からは気にしたもの全部に縛られます。気にするというか、気になるというか、それらに縛られています。

内面から言いますと、執着したもの、摑《つか》まえたものに縛られます。摑まえたものとは、一つには自分の所有しているものです。「我所執《がしょしゅう》」といって、自分が持っているものに縛られます。持ったものは失いたくないのです。そして、最後には自分の本体、自体に縛られます。「自体愛」といって、自分がかわいい。この身心がかわいいから、身心に縛られます。これが「我執」というものです。

明けても暮れても「足が痛い、体が痛い、腰が痛い」と言うなら、早く捨てればいいのに、捨てません。これは自分の身に執着があるからです。そんなに「足が痛い、腰が痛い」と毎日毎日言うのなら、そんな難儀な身は捨てるか焼くかすればいいのですが、やっぱりそうはいかない。人間は持っているものに縛られます。皆さんもいろんなものを持っているでしょう。持ったものを離さないのでだんだん増えて、持ったものの重さが増し、その重さでだんだん身が沈んでいくのです。

だから余計にものを持っている人は、あれもこれも捨てればいいのです。（笑い）身軽になればいい。身軽になって、本当にこの「いのち」を何ものにも縛られずに生きようという教えが仏教です。身軽になるために、最後はこの身すら置いて往《い》こうというのが「往生」です。死ぬのではない、この身も置いて、「自在《じざい》」を生きる仏さまになろうという「いのち」の歩みが「往生」です。

だからいろんなことを気にして、それらに縛られているようでは話になりません。しかし、私たちはいろんなことを気にして身動きできなくなっています。いろんなことを気にするのは、自分がかわいいからです。世の中、いちばんしんどいのは、みんなから「いい人に見てもらいたい」と思うことです。みんなから「立派な人」と思ってもらうほどしんどいことはありません。

私もお寺に生まれ育ちましたが、お寺を継ぐ人は、みんな一ぺんや二へんは寺を出ようと思うようです。なぜかというと、寺に居ると「いい人と言われる人間にならなければ」と思うからしんどいのです。門徒の人もそう言います。「やっぱり寺の子だけあって違うね」とか。（笑い）その言葉に縛られて「いい人になろう」と思ったら、しんどくてかないません。それで寺を出ようと思うのです。こんなしんどいところで一生生きるのをやめておこうと思うのです。

私も一時期そう思いました。「いい人と言われる人間になろう」と思うと、人の目を気にし、人の言葉を気にし、あれを気にし、これを気にしてがんじがらめになって、いつも周りを気にして生きることになります。

テレビやマスコミで顔が知られた有名人も大変だろうと思います。その点、皆さんは気楽なもんです。（大笑い）寝たい時に寝れる。（大笑い）皆、自分がかわいいから、「いい子」とよばれる人間になろうと思って、ものすごくいろんなものに気を遣《つか》ってしんどい思いをしているのです。

そういうものを一つ一つ解いてもらって、「我」の執われから出るのです。「我」から出る行為を「行《ぎょう》」というのです。だから行をやったらいいのです。その行をやることのできない者が、どうしたら「我」から出られるかというと、親鸞聖人は「信心」によって「我」を出る道のあることを教えてくださったのです。

私たちの人生は、「信心」によって「我」の執われから離れることができるのです。それも「心」の執われを出、離れて、浄土に向かうのです。心の執われから出る「往生のみち」の出発を「即得往生」といい、身の執われを離れて仏になる「往生のみち」の極まりを「難思議往生」というのです。

「往生」ということがよくわからない人は、車が渋滞しても「往生した」と言うのです。(笑い)その辺で往生しているようではお浄土には往けません。

私たちはいろんなことを気にします。本当はなにがあっても気にしない強い生き方のできる人間になればいいのです。しかし、なかなかそうなれません。私たちは小さなことさえ気にし、それに気をとられ、さらに気を病んで、文字通り病気になってしまうのです。

だから「あの人がああ言った」と気にし、それに気をとられて、気を病むのです。最近、こういう気の病気をする人が多いのです。それは、気にしたものに縛られるからです。それを抜け出さなければどうにもなりません。

そのためにはどうしたらいいか。強くなればいい。簡単なことです。強くなって何も気にしなければいい。人がどう言おうが、日が良かろうが悪かろうが、そんなことにビクともしない強い人間になればいい。これはもう理屈抜きです。だから、強い人間になって、気になるところを突破して生きればいいのです。

私たちは三重に縛られています。いちばん内側で私を縛っているのは自我《じが》、「我執」ですが、その表で縛っているのが、自分の持っているものです。「我所執」です。自分が所有したものによって縛られています。そして、さらにその外でいろいろなものを気にして縛られています。

そんなところでうろうろしている間にものが見えなくなり、知らず知らずのうちに煩悩に引っ張られているのです。この気にしているところを突き抜けていかなければいけないのです。それを突き抜ける道が、大きく分けて二つあるのです
一つは強くなって突き抜けていく道です。それが聖道門《しょうどうもん》です。強くなって、そんなことが気にならないようになったらいいのです。そのために身を鍛え、精神を強くする。そうすれば、人の言うことをいちいち気にして振り回されることはないのです。皆さんも強

くなったらいいのですよ。

けれども、強くなりきれない人間がいるのです。いや強くなりきれない人間の方が多いのです。人間は何もない時には、強くなったつもりで、強いことを言います。しかし、いざとなると、小さなことを気にして、悩んだり、苦しんだりします。それで悩みの相談が繁盛するのです。〝みのもんた〟にいろいろ相談する。（大笑い）他人の目で見ているとアホなことを相談しているなと（笑い）思いますが、自分のことになったら、〝みのもんた〟に怒られても、一生懸命に相談している。

人間というのは他人《ひと》のことには強いのです。自分のことになったらなかなか強くなりきれない。何ものにも負けないように強くなるために肉体を鍛え、精神を鍛えるのが修行です。強くなって、執われを出ることです。それで「行」になるのです。

だから強くなっただけで、相変わらず人がどうのこうの、日や方角がどうのとぐずぐず言っているようなら「行」になっていないのです。「行」というのは、執われを出る行為です。だからただやるだけでは「修」で「行」になっていないのです。

六　生死出離の道

昨年、小倉へお話に行っておりまして、晩の法座のあと、住職さんが「先生、ホテルを取っていますから」と言って送ってくださいました。「忙しいでしょうから、タクシーにホテルの名を言っておいてもらったら、私はホテルに一人で行きます」と言ったのに、「いや、そんなことはできません、私が送ります」と送ってくださったのですが、泊まるホテルの前を素通りするのです。そこで「ホテルの前を通り過ぎました」と言うと、「先生、夜道は暮れません。まっすぐ帰らなくても」（笑い）と言われて、わざわざ泊まるホテルの前を通り過ぎて行くのです。

そして小倉の駅前へ行く。私は日本全国の町の飲み屋街は全部知っています。（大笑い）小倉の駅前の飲み屋街の住職さんの行きつけの店に行ったのです。「この店はワインが旨《うま》い」と言って、ワインを私に飲まそうと連れてきてくださったのです。すると、近くの住職も待っている。（笑い）ちゃんと打ち合わせができていたのです。（笑い）それで二人に挟まれてワインを飲みました。

私たちの話はどうしてもお坊さんの話です。僧侶《そうりょ》であることは、いくら隠しても隠せるものではありません。（笑い）京都の祇園に行っても、祇園の人がみんな言います。「お坊さんは、すぐわかる」と。なぜわかるのかというと、お坊さんは、猪口を持っても、コップを持っても、必ずいっぺんちょっと上げるのです。（大笑い）いただくのが習慣になっているのです。お布施をもらうみたいにホッと上げる。（大笑い）だからグラスに注いでもらってもグラスの上げ方によってすぐ僧侶であることがわかる。（笑い）隠せません。身についているのです。（笑い）

また、話すこともなるべくお坊さんらしくない話をしているつもりでも、お坊さんの話になっています。その小倉の店でも、隣にいたお客さんが、「浄土真宗のご住職さん方ですか」。「そうです」。「それならぜひ、毎日新聞を取ってください」と言うのです。「どういう方ですか」と聞いたら、「私は毎日新聞の西部本社に勤めている者です」と。そして「毎日新聞を取ってください。なんなら日曜版だけでもいいから読んでください」と言う。「どうしてですか」と尋ねたら、最近、本になって出ましたが、当時連載されていた『阿弥陀の来た道』を「ぜひ読んでください」と言うのです。『阿弥陀の来た道』を書いたのは佐藤健という新聞記者です。

この佐藤さんは、毎日新聞が何十年か前に『現代に宗教を問う』を特集した時の記者です。佐藤さんは臨済宗のお坊さんで、「南無の会」の会長である松原泰道先生のお寺で雲《うん》水《すい》になった人です。それなのに最後の連載は『阿弥陀の来た道』です。

佐藤さんは昨年の暮れに癌《がん》で亡くなりました。佐藤さんは禅宗のお坊さんでしたけれど、お葬式は浄土真宗のお寺でされました。

私が毎年、報恩講にお話に行くお寺の住職さんが佐藤さんの友達で、「葬式は頼む」と頼まれているとのことでした。だから「葬儀は私がさせていただく」と言っておられました。「あなた、松原泰道先生の所で得度《とくど》したのに、そんなことしていいのか」と、何度も念を押したら、佐藤さんは「若い時は禅がよかったので、禅宗で得度したけれど、歳とともに、禅ではやれんということがわかった。やっぱり阿弥陀さまでないといかんと思った。浄土真宗でお願いします」ということで、葬式は真宗でやられたのです。

その佐藤記者の『阿弥陀の来た道』が連載中だったのです。それで、その人は「浄土真宗の住職さんなら、ぜひ読んでほしいから毎日新聞を取ってくれ」と言ったのです。

すると私を案内してくれた住職さんが「わしは、毎日新聞は好かん」と。（大笑い）はっきりしたものです。ここに毎日新聞の関係者がおられたら許してくださいよ。（笑い）

私が言っているわけではないのです。（笑い）そうしますと向こうもムキになって「なんで毎日新聞が好かんのですか」と言う。住職さんは「だいたい日本の三大新聞で〈今日の運勢〉なんて載せているのは毎日新聞だけだ」と言うのです。〈今日の運勢〉、一月生まれはどう、二月生まれの人は「今日はなるべく外に出ない方がいい」とか、「好きな人に申し込んだらうまくいく」とか書いてある。（笑い）あの〈今日の運勢〉が書いてあるのは日本の三大新聞で、毎日新聞だけ。そのことを毎日新聞の人に言ったのです。「大衆をリードしなきゃいけない大新聞が、こういう記事を書いて人を惑わすのはおかしい」と、住職さんは言うのです。

なぜかというと、日本の人口は、一億二千万人です。単純に言うと一月生まれは一千万人いるわけです。一千万人が「今日一日、借金しないほうがいい日」とか、「今日は好きな人に申し込んだらいい日」とか、こんなのが当たるはずがない。一千万の人の運勢が今日は皆同じというのはおかしい。日本人の運命が十二種類しかないというわけだから納得できない。そういうことを日本の思想界なり、大衆をリードしていかなければならない大新聞が載せている。だから「好かん」と言うのです。

飲んでいる席ですから、そう真剣にならなくても（笑い）いいのですが、毎日新聞の人もムキになって、「そう言っても、毎日新聞も商売ですから、読んでくださる人がいないと、食べていけない」、「〈今日の運勢〉を楽しみで待っている人もいる」、「これがあるために毎日新聞を講読している人も多い」と言う。すると住職さんはさらに「そんなお粗末な読者を相手にしている新聞は好かん」、（大笑い）「どうしても好かん」（笑い）と言う。そこまで言わなくてもいいのにと思うくらい言うのです。私はまん中に座って居たものですから、気を使いました。（笑い）

私も、〈今日の運勢〉は信用しませんし、好きではありません。けれども私がふだん読んでいる中国新聞にも〈今日の運勢〉が載っているのです。（笑い）載っていると、見ないでおこうと思っても見てしまいます。（笑い）中国新聞はテレビ番組の下に〈今日の運勢〉が載っているのです。どうしても、番組の方を見ると〈今日の運勢〉が目に入るのです。

見る私が、一月から順番に読んでいくかというと、そうではないのです。皆さんは〈今日の運勢〉を見たらどこから読みますか。自分の生まれた月から見るでしょう。私もまず七月を読むのです。（笑い）やっぱり自分の生まれた月が気になるのです。ただ読んでいるだけでしたら順番に読めばいいのですが、七月を読んだあと、次は二月を読む。妻が二月生まれだからです。（大笑い）まだ妻を愛しているのでしょうかね。（笑い）いいことが書いてあると嬉しいし、悪いことが書いてあると、何か気をつけねばいけないと思ったりします。

人間というのはどれだけ仏法を聞いていても、いろんなことが気になるのです。これを気にしないで、振り切っていけるというのは、よほど強い人です。気になる、それを気にして、気を病むか、気になるけれども、そこを突き抜けていくが問題です。

私は何を見ても、何を聞いても、何にも気にならないという人がいたら、逆に心配です。（笑い）みんな多少は気になるのです。けれども気にして、それに気をとられて、それにとっつかまってしまうかどうかが問題なのです。多くの人は、毎日はとっつかまらなくても、何日かにいっぺんくらいはとっつかまるのと違いますか。だから、そこを突き抜けて生きることができる人は強い人です。

私は本当に強い人間になれるかという問題です。どんな時でも、私はそこを突き抜けていくんだ、そういう強い身体と精神を鍛え上げていこうというのが入り口で、さらに続いて自分の持ったものに対する執着を離れることが大切です。

「そんなにこの念珠が気に入ったのなら、これ君にあげよう」と言えるかどうかが問題です。私は「そうか、そんなに気に入って喜んでくれるなら、あげよう」とは言いませんよ。私は自分が持っていても、人の持っているのを眺めて「あれも欲しいな」と思うくらいです。（笑い）人間は執着が強いのです。

私も念珠をどのくらい持っているかよくわかりません。自分で持っている数がわからないぐらい持っているのに、よそに行って変わったのを見ると、「いいなあ」と思ってね。（笑い）なかなか執着が強いです。それも振り切っていこうということにならないといけないのです。

そうなれば二重目の皮は取れたわけです。そして自分の心に対する執着を離れ、さらに最後、自分のこの身に対する執着も取り払われなければいけません。

この身に対する執着ということについて考えてみましょう。人間は執着したものを常に正当化します。執着したものを悪いと言われると腹が立つ。皆さんも自分が、良いと思ってしっかり握りしめているものを「つまらんのを持っているな」と言われたら腹が立つでしょう。いわんや、執着しているこの身を「つまらん」と言われたら腹が立ちます。人間は自分の執着しているものを「いいね」と言ってもらったら嬉しいけれど、「つまらん」と言われると腹が立つのです。その執着をも振り切っていかなければなりません。

この［我執］というのは、いつでも自分は正しくて、他の人は違っているという執われです。これを突き破っていくのが強い人です。本当のところ、なかなか我執を突き破ることはできません。

私たちは、時には反省しますが、どれだけ時間をかけて反省しても、自是他非《じぜたひ》という我執を突き破れません。「反省した、反省した」と言うから、「どう反省したのか」と尋ねると、「どう考えても相手が悪い」と、私たちは反省する。（笑い）けっして「自分が悪い」とは言わない。自是他非の思いを振り切っていく人が強い人です。そして「なんと自分というのはお粗末《そまつ》な者だな」と、自我を否定できる人が本当に強い人なのです。

だから強くなるというのは、ただ〈今日の運勢〉を気にするかしないかという話ではないのです。私たちは、そこまで行く前に〈今日の運勢〉ぐらいのところでつかまっているのです。その上、煩悩に振り回されて、右往左往しているばかりで、往生どころか、生死流転の日々です。その時その時の状況に流されては転んでいる生活です。それを突き抜けて生きるのが往生であり、生死出離ということです。

七　自力の道

私は学生時代、授業中によく居眠りしました。なぜよく居眠りしたかというと、真面目だったからです。（笑い）真面目で居眠りしたと言っても、みなさんにはよくわからないでしょう。

私の学んだ龍谷大学では毎朝、「朝のお勤め」がありました。それにだいたい毎朝、出たのです。授業に先立って講堂で、『三部経』の繰り読みです。

私たちのころは今のように大きな大学ではなかったのですが、それでも二、三千人の学生はいたと思います。それなのに、「朝のお勤め」に出てくるのは多くても二十人、少ない時は三人くらいです。

学生時代は、眠たい盛りですから、みんな起きてこない。強制でもありませんから、多くの学生は出ない。私は大阪から毎朝、毎朝というのは嘘です。（笑い）時々休みました。（笑い）けれどもほぼ休まずに「朝のお勤め」に通ったのです。

朝六時ごろに生まれた寺を出て、京阪電車の一番の特急に乗ると間に合うのです。真面目でしょう。（笑い）まだ信じている人が少ないみたいですが。（笑い）朝早くから張り切って大学に行くものですから、授業になると眠くなる。（笑い）だから、真面目だからよく寝たのです。（笑い）

私たちの時は、九十分授業でした。皆さんも一時間の話を聞くのは大変でしょう。テレビでも一時間見るのは大変です。途中でコマーシャルが入るから、ホッと休憩できるので、コマーシャルなしに一時間のテレビを見るのは大変です。一時間、話を黙って聞くのはもっと大変です。それも、楽しい話ではありません。先生が、何年来同じノートを使っているのかという黄色くなったノートを読むわけです。それを私たち学生は筆記するのです。そういう授業でした。

今ごろ、あんな授業をしたら、誰か一人が出席して、あとでコピーを売ればいいのです。私たちの時は、コピーがまだ普及していなかったので、みんなノートをとっておかないと、試験の時に困ります。私のノートはいつでも途中までです。途中から、ミミズのような字になっている。

眠ると、すぐに起こしてくださる先生がいました。（笑い）「君、君」と起こしてくれる。眠ったらすぐに起こしてくれる先生は、早く死んだのです。（笑い）何も私を起こしたから死んだわけではありません。（笑い）真宗学の池本重臣という先生で五十歳前で亡くなったと思います。今、思い出すといちばんなつかしい先生です。学生時代いちばんうるさかった先生がいちばんなつかしいのです。

他の先生はだいたい、眠っていようと、起きていようと関係ない。ちゃんと時間いっぱいノートを読んで、時間が終わったらサッと帰ってしまう。けれども、知らん顔してノートを読んでいた先生も本当はおもしろくなかったでしょうね。いちばん前の学生が眠っているのですから。（笑い）

私は「勉強しなきゃいかん」と思って、いつもいちばん前の机に座ったのです。「朝のお勤め」が済んで教室に行くといつもいちばんです。いちばん前で机に頭をつけて眠っているのです。（笑い）先生は時間いっぱいノートを読んで、黙って教室を出て行かれたのです。けれど、何も言わないで出て行く先生も、眠っている学生に対して、おもしろいはずはないと思います。

私は授業中に寝ていた時に、「私はつまらん学生だな」、「先生が一生懸命授業してくださっているのに眠って申し訳ない」、「先生が何年もの研鑽を一冊のノートにまとめて教えてくださっているのに、眠っているとはお粗末な者だな」と思って反省したことは、いっ

ぺんもないのです。（大笑い）

どう思っていたかというと、「勉強する気でいちばん前に座っている学生が眠るような講義をする先生がつまらん」、（笑い）「いちばん前に座っている学生すら居眠りさせるようなつまらん講義をする先生が問題だ」、「私に問題があるのではなく、先生に問題がある。（笑い）先生がつまらん」と思っていました。

このごろ私は毎日のようにあちらこちらで話をしていますが、時たま眠っている人がいます。（笑い）「せっかく寒い中、忙しい中をいろんなことがあるのを振り切って、ここまで足を運んでくださった人が居眠りするような話しかできん。私はつまらんなあ」と反省したことは、いっぺんもないのです。（大笑い）

どう思っているかというと、「私が一生懸命、話しているのに眠るとは何ごとか」と思っているのです。（笑い）人間は、どっちに転んでも自分が正しいのです。これが人間のいちばんむずかしい問題です。

この「我」は、どっちに軽んでも自分は正しく、悪いのは他の人というところから出られないのです。だから、ものに躓《つまず》いても「こんな所にだれがこんなもの置いた」と言う。（笑い）置いた方は「どこを見て歩いとる」と言う。（笑い）両方とも自分が正しいと思っ

ているのです。躓いた者も悪くなく、置いた者も悪くない。悪くないもの同士が、喧嘩しているのです。（笑い）

小さくは家の中、大きくは世界も、みんなこういうことではないですか。「わしが」だけでこの「いのち」は存在できないのです。みんなに生かされて生きているのに、小さな執われの中で「我」を張って私たちは生きている。この「我」を自分の精神力と体力で突き破っていくのが「修行《しゅぎょう》」です。

だから、ただ坐禅しただけで行《ぎょう》になるのではないのです。坐禅して、わが「いのち」の本当のあり方に目覚《めざ》め、「我」を出て、はじめて行になる。世の中はすべて「縁起《えんぎ》」、持ちつ持たれつで成り立っています。それを「わしが」ではいけないと、自分の本当のあり方を見極めて、自我を超えていくのが「行」なのです。坐るだけなら「修」です。

何かやったら修行ということではないのです。何かをやることによって、「我」を突き抜けて、「我」を出ないと修行ではありません。自分の精神力と体力でこの世で「我」を出ていこうというのが聖道門です。今、心の執われ、身の執われの二つを一気に突き抜けていこうというのが即身成仏《そくしんじょうぶつ》という考え方です。

お釈迦さまは、どうしたら「我」を突き抜けられるかを教えてくださったのです。それが八正道《はっしょうどう》とか六波羅蜜《ろくはらみつ》（六度行《ろくどのぎょう》）の教えです。ところが、私たちは教えていただいても、それらの道や行がなかなかできないのです。

　そしてちょっと何かをやったら、「わしはあれをやった、これをやった」と［我］を強くする。私たちの場合、やったことが行にならないのです。行とは［我］の執われを突き抜けていくということです。［我］を出る［はたらき］が行なのです。やるだけが行ではない。「修」が「行」と実を結ばないといけないのです。

　ところが、私たちの場合、やったことが行にならずに、［我］になる。やればやるほど［我］が強くなる。「私は、あれもやった、これもやった」と［我］を補強するのです。だから、いろんなことをやった人はどうしても［我］が強くなる。むずかしいですね。私なんかも自分でそう思います。つまらんことをやっても「私がやった」と、ついそれを鼻にかけてしまう。

　そういう人間が、どうして［我］を出るかが、［往生］の問題です。自分の力で［我］を出るのが、自力の道です。

八　「我」のもとは「疑」

ところが私たちは、なかなか一気に「我」から出られません。私たちがこの「我」にとらわれているのは、「疑い」が背景にあるからです。「疑い」とは、本当に信頼できるものに出遇っていないということです。信頼できるものを見失っているから、人間は「わしが」と頑張るのです。

本当に信頼できるものに出遇ったら、「わしが」と言わなくてもいい人生が自《おのず》から開けてくるのです。本当に信頼できるものに出遇うことが「信」ということです。だから信においてすべての人は「我」から出られるのです。確かなものに出遇えば「わしが」の「我」を超えることができる。

人間は本当に確かなものに出遇ったら、「わしが」と言わなくて済むのです。確かなものに出遇ってないから「わしが、わしが」になるのです。

皆さんはいつから「わしが、わしが」になりましたか。何かあったら「私が言うことをお父さんが聞いてくれない」、「私がすることを若い者がわかってくれない」と、「わしが」

という思いが常に出てくるでしょう。いちいち「わしが、わしが」と口では言いませんが、胸の中に「わしが」という思いが兆《きざ》し、腹を立てているのです。

こういう思いがいつのころから出てきました？　みなさんは「わしが」という思いがいくつの歳くらいから出てきたか憶《おぼ》えていますか？　私たちは案外憶えていないのです。人間というのは表面的な出来事は覚えています。何歳で結婚し、何歳の時に長男が生まれ、何歳で仕事を変えたということは憶えています。

けれども、その時その時、どんな気持ちで一日一日を送っていたかは憶えていない。本当はそれを憶えておればいい。皆さんも二十歳のころがあったんでしょう。今、顔を見ていると想像がつきませんが。（笑い）私も二十歳の時があったのです。（笑い）

二十歳の時にどんな気持ちで、どんな思いで親を眺め、どんな気持ちで毎日の日暮らしをしていたのか、皆さん記憶していますか。「私は二十歳のころに親をこんな目で見ていた」、「毎日こんな思いで過ごしていた」ということを憶えていますか。憶えてないですね。「二十歳のころに大学の三回生で、私はクラブ活動でラグビーをしていました」ということは憶えているのです。

その時その時、どんな気持ちだったか。本当はそのことを憶えていたら、みんな人生のいい先輩になるのです。皆、通過して来たのですから、二十歳の若者を眺めて「ああ、私もあの年頃はあんな思いで親を泣かせていたなあ、毎日あんな思いで過ごしていたなあ」と、若い者を理解できるのです。

ところが、私たちは忘れていますから、「今の若い者はすぐにふくれる」とか、「今の若い者はすぐあんな態度とる」と責める。私たちも今の若い人と似たり寄ったりのことをやってきたのではないでしょうか。そういうことを、みんな忘れてしまっています。本当はそのことを憶えていたら、みんないい人生の先輩になるのです。

だから六十歳の人が、それまでの人生をちゃんと憶えていたら、自分のあとから来る者の気持ちが全部わかるはずです。細かいところでは違うかも知れませんが、みんな似たり寄ったりの人生を歩み、同じような思いで生きているのです。

時代が変わり、世の中が変わっても、だいたい人間のあり方は似たり寄ったりで、同じようなことを考えながら生きています。あとから来る者を「あれも四十になったのか、わしもあのころしんどかった。あのころ世の中の矛盾を感じた。だから四十になっても、息子はああやってふくれているけど、きっとわしの四十のころとよく似た思いをしているのだろう。温かく見守ってやろう」となるのです。そうなったら、みんないい人生の先輩です。

みんな忘れるから、「今の若い者はつまらん」、「あれもつまらん、これもつまらん、つまっているのは自分だけ」となり、おかしくなるのです。だから、女の人がお嫁に来た時のことを憶えていたら、全部いい姑《しゅうとめ》になるのです。（笑い）「嫁がふくれているけれど、私も嫁に来た時しんどかった、よくふくれたものだ」と、温かく見守ることができるのです。

広島弁では、腹を立てて実家に帰ってしまうことを「そぼろを売る」と言うのです。「ご院家《いんげ》さん、私も若い時はがんぼでね」と。がんぼって何かわかりますか。がんぼというのは頑固者《がんこもの》という意味です。「私はがんぼで、時にはそぼろも売りました」と言われても、私は最初わかりませんでした。そう言っている人が、若い者がふくれていると腹を立てる。というのは、自分の若い時のことを忘れてしまうからです。

だから、いつのころから「わしが」という思いが出てきたかと言われても、私たちはわからない。

今から人生の復習をします。本当にその通りだと思ったら、恐れ入りますが首を上から下へおろしてください。（笑い）やっぱり、反応してもらわないと話しにくいのです。（笑い）今から順番にいきます。「ああ、そう言われるとそうだったなあ」と思ったら、大袈裟な反応をしてもらうと私の方が驚きます。（笑い）簡単でいいから反応してください。

私たちは学校へ行くまでは明けても暮れても「お母さん、お母さん」と言っていたのです。なぜ「お母さん、お母さん」とよんでいたかというと、世の中で、お母さんだけは間違いのない人という信頼があったからです。誰が私を見捨てても私を見捨てないお母さんが居る。自分のことは放っておいても、私のことにかかりきってくれるお母さんが居るという信頼があるから、母親の名をよぶのです。

私たちが「名」をよぶということは、そこに信頼感があるからよぶのです。「よべ」と言われただけではよべません。全然何も知らないのに「今日からあなたのお母さんよ。お母さんとよびなさい」と言われても、誰も「お母さん」とはよびません。やっぱり日々の暮らしを通して育《はぐく》まれた母親に対する信頼感が「お母さん」とよばせるのです。

人間というのは、いくつになっても、理屈ではなく信頼できる者の「名」をよびながら生きているのです。幼いころ「お母さん、お母さん」とよんだお互いですが、だんだん「お母さん」と言わなくなります。なぜ言わなくなるかというと「お母さんも無条件に依《よ》りかかったら危ないぞ」となるからです。

お母さんも全面的にあてにしたら危ない。なぜ危ないかというと、「お母さんもその日の天気次第で、ものすごく変わる」ということがわかってくるからです。（笑い）「ヘタにもたれるとひどい目にあうぞ」となるから、むやみやたらに「お母さん」とは言えなくなるのです。

お母さんと言わなくなったころから、今の子どもはどうかわかりませんが、私たちの時は「先生」と言いました。そして「先生」と言わなくなったころからは「友達」、「先輩」と言うのです。その時、その年代で信頼できる者の「名」をよんでいるのです。「先生も自分勝手、やっぱり友達・先輩だ」ということになるわけです。

しかし、そのうちに「友達もいいかげん、先輩もあてにならない」となる。そのころから「彼だけはまちがいない」、（笑い）「彼女だけは」（笑い）となる。それもしばらくで（笑い）「裏切られた」、「だまされた」となるのです。

人間、懲《こ》りないものです。その次は結婚した当初、「夫が」「妻が」という時代がしばらくあります。これも当初だけです。（笑い）だから新婚の人はすぐわかります。新婚の人はどんな簡単なことでも自分で返事をしない。「奥さん、これいかがですか」と言うと「夫に相談してみます」。必ず夫が出てくる。それが新婚です。男もそうです。「一杯飲みにいくか」と言ったら、「妻に電話で聞いてみます」と、必ず妻が出てくる。なぜかというと、夫に相談したら間違いないという信頼感です。妻に言っておいたらもう大丈夫という安心感があるからです。皆さんは「夫が」、「妻が」という時が何年くらい続きましたか、（笑い）早い人は三日で終わったという人がいます。（笑い）どれほど持続しても三年ぐらいだと思います。

三年過ぎると「奥さん、ご主人に相談しなくてもいいのですか」と、念を押しているのに「いいんです」。（大笑い）「奥さんに電話しなくていいのか」と言うと「うるさいだけ」となるのです。そのころから、みんな「わしが」になる。「結局、あて頼りになるのは自分しかいない」となるから、「わしが」になるのです。

皆さんもみんな「わしが」まで来られたでしょう。（笑い）いつのまにかここに来ているのです。「夫もいいかげん」、「妻も自分勝手」と、お互いに信用を失っていくのです。結局、あてになるのは自分だけとなるから「わしが、わしが」になるのです。このように信頼するものを見失った状態が「疑い」なのです。

だから私たちが、「わしが」を抜け出すには、本当にあて頼りになるものに出遇うしかないのです。私たちは［我］を自分で突き破れたらいいのですが、突き破ることができません、信頼できるものを見失ってしまったら、あとに残るのは「わしが」だけです。だから、私たちが「我」を出るには信頼できるものに出遇う以外にないのです。

九　即得往生

教えてもらってもその通りにやれないのが凡夫《ぼんぶ》。強そうなことを言ってもいざとなると「我」を振り回すぐらいが精一杯の凡夫である私たちが「我」を出るには、確かなものに、本当に信頼できるものに出遇う以外にないのです。

その確かなもの、本当に信頼できるものがどこにあるのかというと、「阿弥陀さま」がおられると、親鸞さまは教えてくださったのです。「弥陀の誓願」こそが確かなものなのです。その確かな弥陀の誓願に出遇えば、誰でも「我」を出ることができる。その「我」を出ていく「みち」があるのです。いっぺんに「我」を出て浄土に往《い》ければいちばんいいのですが、どうしてもいっぺんには往けないのです。

まず「心」のこだわりを超え、次に「身」のこだわりを超えるのです。確かな阿弥陀さまに遇う「信心」によって「心」のこだわりを超えるのを即得往生《そくとくおうじょう》といい、「往生のみち」

のはじまりです。臨終一念の夕べに「身」のこだわりを超えて仏になる往生の極まりが難《なん》思議《じぎ》往生《おうじょう》です。

だから「弥陀の誓願不思議にたすけられまゐらせて」とありますが、阿弥陀さまの誓願にたすけられるとは、阿弥陀さまの、光といのちきわみない大きな大きな世界、中村元先生の言葉を借りますと「宇宙的規模のいのち」に支えられているのが今、ここを生きる私たちなのです。

その大きな世界から私に届いている願い、確かなもののよび声、それが受け取れたら私たちらはたすかるのです。「往生のみち」を歩む身となるのです。それが、「弥陀の誓願不思議にたすけられまゐらせて、往生をばとぐる」というお言葉です。

まず私たちは、お父さんお母さんをご縁にして、この世に誕生しました。この世に誕生した私たちは、身も心も煩悩の束縛の中にあります。身と心を分けるのはむずかしいのですが、心というのは、「いのち」の据え所ということです。

この身は穢土、この世に執着し、煩悩の世に執着し、「痛い」や「痒《かゆ》い」と言いながらも捨てれません。この心は煩悩のまっただ中で、煩悩にとっつかまって生きています。身心共に煩悩の束縛の中です。だから、私たちがこの世に生まれたということは、煩悩のまっただ中に生まれて、煩悩のまっただ中を生きるということです。

　これを一つひとつ脱皮《だっぴ》していかなければいけない。捨てていかなければいけないのです。煩悩につかまって、身も心もこの世に縛られて生きている私たちが、一つひとつ脱皮していかなければいけないのです。

　確かな阿弥陀さまに出遇うことによって、まず「わしが」という［我］の心から抜け出すのです。「わしが」の心を脱ぎ捨てていくわけです。それが信心によって実現する「即得往生」という「往生のみち」のはじまりです。信心とは何かというと、「確かな阿弥陀さまに出遇う」ということです。間違いのない阿弥陀さまに出遇う。親鸞聖人の言葉ですと「弥陀の誓願不思議に」出遇うのです。これに出遇うことによって、まず心のとらわれから脱皮するのです。

　もう一つ、「身」から脱皮しなければなりませんが、私たちは一度に両方とも捨てるわけにはいかないので、まず心の執われを捨てるのです。そのことを親鸞聖人は「本願信《しん》受《じゅ》」、如来さま、弥陀の誓願、確かなお法《みの》りが受けとめられた時に、「前念《ぜんねん》に命が終わる」と言われました。「前念命終《みょうじゅう》、後念即生《ごねんそくしょう》」と言われるのです。「前念命終」の命終は「心《しん》命終」で「心」の執われが終わるということです。心の執われが終わって、新しい［いのち」が誕生するのです。「後念即生」の即生は「即得往生」という「往生のみち」のはじまりです。

これは『愚禿鈔《ぐとくしょう》』にあるお言葉です。「本願信受」とは、確かな阿弥陀さまに出遇うことです。そのことによって、命が終わるのです。「わしが」という［我］にしがみついていた命が終わる。煩悩にしがみついていた命が終わる。これを「心命終」というのです。

ご信心は「命終」であると同時に誕生なのです。何の誕生かというと、命の中心が穢土というか、煩悩の大地から離れて、「心《こころ》を弘誓《ぐぜい》の仏地《ぶっち》に樹《た》て、念《おもい》を難思《なんじ》の法海《ほうかい》に流《なが》す」（『教行証文類』「後序」）［いのち］の誕生です。この煩悩に縛られ、穢土に縛られていた命が、本願の大地に樹って広い広いお浄土に向かって生きる［いのち］として誕生する。それが一つの脱皮です。「わしが」の［我］にしがみついていた心のこだわりを捨てて、確かな阿弥陀さまを拠《よ》りどころとして生きる［いのち］の誕生です。

だから、確かな阿弥陀さまに出遇ったら、「わしが」としがみつく心は不要になるのです。そこで初めて、［いのち］は浄土を拠りどころにして、身が浄土に向かって歩む人生が始まる。そのことを親鸞聖人は「心を弘誓の仏地に樹て、念を難思の法海に流す」、［いのち］の誕生であると教えてくださったのです。わが［いのち］の中心を弘誓の仏地、浄土に樹てたのです。

信心によって、私の〔いのち〕は、この世にしがみついた命から、お浄土に樹っての〔いのち〕になるのです。善導大師はそのことを「信心のひとは、その心すでにつねに浄土に居す」（『船舟讃』）と言われました。「その心すでにつねに浄土に居す」とは、「心を弘誓の仏地に樹てる」と同じことです。

「樹てる」と書くのです。普通たてるというのは建物の「建」と書きます。「建てる」と「樹てる」の違いは、「建てる」はそこに置くという意味です。だから強い風が吹いたら飛んでしまいます。「樹てる」は大地に根を張るということです。

わが命を穢土に置いていたのですが、信心によってそこを捨てて、仏さまの世界に根を張った〔いのち〕にしていただくのです。そういう〔いのち〕のはじまりを「即得往生」というのです。「即得往生」とは死んでからの話ではありません。けれども、この身はあいも変わらずこの世に居ります。この身のある間は煩悩と完全に決別することはできません。〔いのち〕の据え所は浄土になっても、「身」は穢土で、お浄土にはないのです。親鸞聖人はこのことを、お手紙の中で、浄土《じょうど》の真実信心《しんじつしんじん》の人《ひと》は、この身《み》こそあさましき不浄造悪《ふじょうぞうあく》の身《み》なれども、心《こころ》はすでに如《にょ》来《らい》とひとしければ、如来《にょらい》とひとしと申《もう》すこともあるべしとしらせたまへ。

（『註釈版聖典』七五八頁）

とまで言いきられています。

即得往生についてのご文をいくつか紹介します。それが「摂取不捨の利益にあづけしめたまふ」ということと重なります。親鸞聖人の『一念多念証文』のお言葉です。

「即得往生《そくとくおうじょう》」といふは、「即《そく》」はすなはちといふ、ときをへず、日《ひ》をもへだてぬなり。また「即《そく》」はつくといふ、その位《くらい》に定《さだ》まりつくといふことばなり。「得《とく》」はうべきことをえたりといふ。真実信心《しんじつしんじん》をうれば、すなわち無碍光仏《むげこうぶつ》の御《おん》こころのうちに摂取《せっしゅ》して捨《す》てたまはざるなり。摂《せつ》はをさめたまふ、取《しゅ》はむかえとると申《もう》すなり。をさめとりたまふとき、すなはち、とき・日《ひ》をもへだてず、正定聚《しょうじょうじゅ》の位《くらい》につき定《さだ》まるを「往《おう》生《じょう》を得《う》」とはのたまへるなり。

（『註釈版聖典』六七八〜六七九頁）

即得往生は死ぬ話ではありません。ご信心をいただいた、即の時、その瞬間に［我］に立っての命が終わって、間違いなく仏になる［いのち］に生まれるのです。［我］にとことん執着する心から脱皮するのです。

「わしが、わしが」でがんじがらめになっていた［我］の命が、如来さまのお慈悲に出遇って一皮《ひとかわ》むけるのですが、しかし、この身がある間は「わしが」から完全に出れないのです。それで、「なんまんだぶ、なんまんだぶ」と念仏しながら、「ああ、違った違った」と、一歩一歩お浄土に向かって歩ませていただくのです。

「即」とは即時・即位ということです。「即時」とは、確かな如来さまのよび声が聞こえた瞬間、如来さまのお心がいただけた瞬間、すなわちご信心がいただけた時です。如来さまのよび声（念仏）が聞こえた前念に、ただちに［我］の自分を是とする心の命が終わり、［我］に立つ命が死ぬのです。

「信心」によって自分を是とする自力心から脱皮をするのです。「わしが、わしが」にこだわっていた命から抜け出して、間違いなくお浄土に向かう［いのち］に誕生する。けれども、この身がある間は、なかなかそういっぺんに［我］から完全に出られません。「即身成仏」はいっぺんに［我］の心身から完全に出るということです。私たちはなかなかいっぺんにはいきません。

また、「即」は、即位で、正定聚に即位するということです。それを「即得往生」というのです。言葉を換えたら弘誓の仏地に樹って生きる新しい［いのち］の誕生です。

この誕生のお父さん、お母さんは誰かというと、「釈迦・弥陀は慈悲の父母」（『高僧和讃』）と、親鸞聖人は教えてくださいます。お釈迦さまと阿弥陀さまが父・母の役目をして、私をお浄土に生まれる［いのち］に誕生させてくださるのです。ですから、「即得往生」から先のお父さん、お母さんは釈迦・弥陀なのです。

ご信心をいただいて間違いなく仏になる［いのち］として誕生させてくださるのは釈迦・弥陀ですが、肉親のお父さんお母さんはいらないということではありません。この身をいただいた限りは、肉親の父母は大事にしなければいけません。

肉親の父・母と共に、本当の［いのち］の父・母である釈迦・弥陀を大切にして、お浄土に生まれる［いのち］を生きるのです。それが「即得往生」で、新しい［いのち］の誕生です。

だから命終して死ぬのではなく、心命終して新しい［いのち］に生まれるのが「即得往生」です。そして、この身がいつか終わって仏になるのです。なぜかというと、この身はこの世にしがみついてますから、この身が終わって身も心もお浄土に生まれるのです。『唯信鈔文意』にある「即得往生」のお言葉をいただきましょう。

「即得往生《そくとくおうじょう》」は、信心《しんじん》をうればすなはち往生《おうじょう》すといふ、すなはち往生《おうじょう》すといふは不退《ふたい》転《てん》に住《じゅう》するをいふ、不退転《ふたいてん》に住《じゅう》すといふはすなはち正定聚《しょうじょうじゅ》の位《くらい》に定《さだ》まるとのたまふ御《み》のりなり、これを「即得往生《そくとくおうじょう》」と申《もう》すなり。「即《そく》」はすなはちといふ、すなはちといふはときをへず日《ひ》をへだてぬをいふなり。

（『註釈版聖典』七〇三頁）

ご信心によって、私たちは即位するのです。正定聚の位に即位すると言ってもいい、不退転の位に即位すると言ってもいい、歓喜地に即位すると言ってもいい、菩薩になると言ってもいいのです。お念仏を喜ぶ人はみな菩薩です。よく居眠りする人に言うのです。「菩薩が法話中にそんなに寝てもらっては困ります」と。（笑い）

正定聚の位とか、不退転の位につくのに自分で頑張ってなろうと思ったら、一段一段、階段を昇るように上がっていくのです。仏になるのに五十二段階あります。出発が十信、一信から十信まで、十ある。十信、十住、十行、十回向、十地そして等覚、妙覚、これで五十二段階です。妙覚というのは仏さまです。『正信偈』に「至《し》安養《あんにょう》界《かい》証《しょう》妙果《みょうか》」とありますが、妙果を得た方が妙覚です。仏さまです。

十信で一から十、十住が十一から二十。十行で二十一から三十。十回向で三十一から四十段です。正定聚とは四十一段目の初地です。初地まで来ると、もう怠け心も起こってこないし、誘惑にも負けない。初地まで来たらあとは順調に妙覚まで往けるのです。四十段の十回向までは、油断すると、誘惑されたり、怠け心が起きて退転するのです。

ですから、初地まで来ないと危ないのです。初地が本当の喜びの境地だから歓喜地です。初地のことを歓喜地といい、もうあと戻りしないから不退転地といい、正定聚の位といい、必定《ひつじょう》の菩薩というのです。必定の菩薩とは、必ず、間違いなく仏になる菩薩です。

お念仏を喜ぶ信心の人は、身はあくまで凡夫ですが、その「いのち」のあり方は菩薩で、もう凡夫の仲間（凡数《ぼんじゅ》の摂《しょう》）ではないのです。親鸞さまは「弥勒と等し、とのべたまふ」と言われるのです。信心いただいた即の時に初地になると、親鸞さまは教えてくださったのです。そのことを即位というのです。

十　難思議往生

しかし、これで終わりではなく、今度はこの身から脱皮しなければいけません。この身をかかえている間は、煩悩から完全に決別することはできません。どれほど「お慈悲が、如来さまが」と喜んでいても、あいも変わらずこの身は煩悩の身です。腹も立つし、欲も起こります。その身の執われを突き抜けなければ仏になることはできません。だから、身からの脱皮が必要です。

私たちには誕生が三回あります。この身をいただいた時が第一回目の誕生。ご信心をいただいた時が第二回目の誕生。もういっぺん、この身が終わる時が、第三回目の誕生です。だから最後の誕生は身命終の時です。この身の終わる時は臨終でなく、身命終です。身の命が終る時が仏としての誕生なのです。

この身の終わりは死ではなく誕生です。今までの凡夫の命が完全に終わって、新たに仏の「いのち」を賜わるのです。この身終わって、完全に身も心もお浄土に生まれさせていただくのです。それが、成仏するということです。

ですから、常に命終は誕生なのです。今までのままでは誕生できません。今までのものを捨てて誕生するのです。この仏になる誕生が「往生のみち」の極まりである「難思議往生《なんじぎおうじょう》」です。それがそのまま、すくわれる、たすかるということです。

言葉を換えると、こういう「いのち」の歩みが、「摂取不捨《せっしゅふしゃ》」のご利益をいただいた相《すがた》なのです。この時のお父さん、お母さんも釈迦・弥陀です。即得往生から先の父母はみんな釈迦・弥陀です。「難思議往生」は「往生のみち」が極まって、本当の親の故郷に帰るということです。

なぜ、浄土に帰ると言えるのかというと、すでにこの身のままで「いのち」の中心をお浄土に帰してもらっているからです。

私はこの身とこの心を、現住所と本籍に分けて味わっているのです。この身のある間は、この身の現住所は穢土です。けれども、自分の「いのち」の依り所を弘誓の仏地に樹てた人の本籍はお浄土です。

まず、信心によって「いのち」の依り所を浄土に移し、そして身命終と同時に身も心もすべてが浄土に移るのです。それが「往生のみち」が極まった「難思議往生」です。それがすくわれる、たすかるということです。

往生とは、穢土を出、離れていく道行《みちゆき》です。この穢土に縛られていたのが、それらの縛りを解かれて、脱皮していくのです。私たちは阿弥陀さまのおはたらきによって、一つ二つと古い心と身の皮を脱いでいくのです。けっして、死によってすべてが終わるということではありません。

古い心と身を置いて、何ものにも縛られない自在の「いのち」である仏として誕生していくのです。信心とは、そういう自在の「いのち」と自在の世界を私たちに与えてくださるのです。

親鸞聖人は信心を「長生不死《ちょうせいふし》の神方《しんぼう》」と讃えられました。長生きするだけではない、死なない、神髄の方法であると言われたのです。この身が終わって、仏と生まれる道を歩ませていただくことが往生です。だから「往生めでたし」ということになるのです。

人間の情から言うと、やはり執着が強いですから、いつも見ていた身がどれだけ皺《しわ》くちゃになっても、見えなくなるのは寂しいことです。それが人間の情です。理屈から言うと、使うだけ使った身です。それも「我」にまみれ、煩悩にまみれた身をこの世に置いて仏さまになるのですから、あとに残した身がどうなろうといいはずですが、情はそう簡単にはわりきれないのです。

難思議往生についての『教行証文類』「真仏土巻」のご文をいただきましょう。

往生《おうじょう》といふは、『大経《だいきょう》』（上）には「皆《かい》受《じゅ》自《じ》然《ねん》虚《こ》無《む》之《し》身《しん》無《む》極《ごく》之《し》体《たい》」とのたまへり。以上『論《ろん》』（浄土論）には「如来浄《にょらいじょう》華《け》衆《しゅ》正《しょう》覚《がく》華《け》化《け》生《しょう》」といへり。また「同《どう》一《いつ》念《ねん》仏《ぶつ》無《む》別《べつ》道《どう》故《こ》」（論註・下）といへり。以上また「難《なん》思《じ》議《ぎ》往生《おうじょう》」（法事讃・上）といへるこれなり。

（『註釈版聖典』三七二頁）

「皆受自然」というのは、すべてのものは自然《じねん》のはたらきをいただいているというのです。自然とは、私を私としてくださっているはたらきです。そんなはたらきの中に、「わしが」と頑張ることのない虚無之身をいただき、「わしが」と、執われることのない、我執《がしゅう》を離れた身をいただいているのです。極まりない体《たい》、本当の「いのち」のあり方が実現する。今の私たちは虚無之身ではなく、「わしが」に執着した間違った身のあり方です。

自然《じねん》というのは本当に私を私たらしめてくださるはたらきのこと、阿弥陀さまの世界を自然というのです。その阿弥陀さまの世界へ往《い》って、もう「わしが」とこだわらない身をいただくのです。そういう身を「虚無之身」というのです。

虚無といっても何もないということではありません。「わしが」と固執しない身をいただくのです。それが「無極之体」となるのです。こだわりの身がなくなると、動く範囲に極みがなくなる。本当にどこへでも、自在に動くことのできる「いのち」になるのです。「不動而至」といって、仏さまはどこにでも至り来てくださり、どこにでも現れてくださる。それも「一念遍至」といって、一時に何カ所にでも同時に現れてくださるのです。

むずかしいことではなしに、母親を亡くした兄妹が、兄さんも母親を思い出し、妹も思い出し、親戚の人も思い出す。同時に思い出す。その思い出す人の「いのち」に母親の「いのち」が通ってくるのです。それは「無極之体」だから、「虚無之身」だから実現するのです。身体を持っていると制約されます。北海道へ行ったら九州へは行けません。九州の人の所も、北海道の人の所も、皆の所に同時に現れることのできる「いのち」にしていただく。何ものにもとらわれない「いのち」になるのが、仏になるということです。

お父さんが死んだという時、たしかにこの身はこの世から消えますけれど、今度はいつでも私が思う時に、すぐにそこに来てくださる「いのち」となって生き続けてくださるのです。そういう「いのち」になるということが「虚無之身」「無極之体」になるということです。

虚無といっても、無くなって、消えてしまうということではありません。私の目には見えないけれど、「いのち」として、身にとらわれず、常に私たちと共にある「いのち」になってくださるのです。それが「難思議往生」という「往生のみち」が極まることにより実現するのです。「難思議往生」というのは、私たちの想像を絶するような素晴らしい誕生ということです。

私たちはこの身をもらってこの世に生まれてきて、この身にいつまでも縛られて、闇の中で終わるのではなく、いただいた仏縁を生かして、まずこだわりの心から解放してもらい、最後は身からも解放してもらって、真に身心を解脱していくのです。そして本当にみんなと共に生きる「いのち」になるのです。

だから、私は「葬式って何ですか」と尋ねられたら、浄土真宗でいう葬式・信心の人の葬式は「栄転する人の送別会です」と答えているのです。凡夫が仏に栄転する送別会が葬儀です。

栄転するといっても、人間の情から言うと、やっぱり顔が見られなくなるのは寂しいことです。涙も出ます。だから、葬儀では「泣いちゃいかん」と言うのではありません。見えなくなることは寂しいことです。それが人間の情です。理屈でわかってもどうにもならないのが情です。

栄転するのだから「めでたいことだ、いいことだ」と言っても、人間の情として悲しみはどうにもなりません。だから「涙を流したらいかん」とは言わないけれど、教えの上から言うと、栄転する人の送別会が信心の人の葬儀です。

「往生のみち」はまずこだわりの心である［我］の心から解放される即得往生ではじまり、そして最後には身からも解放されて、本当に「虚無之身」「無極之体」になっていく難思議往生で極まるのです。

誰も死にたい人はいません。みんな、わが身に執着があるから、死にたくはないのです。［往生］とは死ぬことではない、より大きな素晴らしい［いのち］になっていく道行です。そういう［いのち］の歩みをさせていただき、死ぬことのない［いのち］をいただいていくのが、「長生不死の神方」と讃えられるご信心の道であります。

次は『浄土三経往生文類』のご文をいただきます。

大経《だいきょう》　往生《おうじょう》といふは、如来選択《にょらいせんじゃく》の本願《ほんがん》、不可思議《ふかしぎ》の願海《がんかい》、これを他力《たりき》と申《もう》すなり。これすなわち念仏往生《ねんぶつおうじょう》の願因《がんいん》によりて、必至滅度《ひっしめつど》の願果《がんか》をうるなり。現生《げんしょう》に正定聚《しょうじょうじゅ》の位《くらい》に住《じゅう》して、かならず真実報土《しんじつほうど》に至《いた》る。これは阿弥陀如来《あみだにょらい》の往相回向《おうそうえこう》の真因《しんいん》なるがゆゑに、無上涅槃《むじょうねはん》のさとりをひらく。これを『大経《だいきょう》』の宗致《しゅうち》とす。このゆえに大経往生《だいきょうおうじょう》と申《もう》す。また難思議往生《なんじぎおうじょう》と申《もう》すなり。

（『註釈版聖典』六二五頁）

私たちは、新しい「いのち」の誕生をさせていただいて、どんどん大きな素晴らしい「いのち」になっていくのですが、それはすべて「如来選択の本願」、如来さまの大きな大きな願いの世界の中での出来事なのです。「如来選択の本願、不可思議の願海」の中での出来事はすべて「これを他力と申すなり」です。

私のこの「いのち」がどんどん拡がっていく、それが、そのまま如来さまの願いであり、それが他力によって実現するのです。すべて、他力の中の話です。私が自分で何かしたとか、頑張ったとか、苦労したという話ではないのです。すべてが「他力」、すなわち如来さまの「はたらき」です。

「念仏往生の願因により」とは、念仏往生の願、第十八願を因として、「必至滅度の願果をうる」とは、第十一願に「必ず定聚に住して、滅度に至る」と誓われた願いの通りに果をいただくということです。すなわち真実報土に生まれると明かしてくださいます。

報土というのは本願《ほんがん》酬報《しゅうほう》の土ということで、仏さまの願いが、願い通りに出来上がっている世界です。すべての「いのち」を真に解放してやりたい、すべての「いのち」を小さなこだわりの世界から広い世界に出してやりたいという阿弥陀如来の願いが報われている世界です。その報土に必ず至ることを得ると言われるのです。

これは阿弥陀如来の「往相回向の真因」によるのです。「往相回向」というのは私たちをなんとしても広い「いのち」の世界に生まれさせてやりたいと、私に届けられているお念仏のことです。それが因になって真実報土に至ることができるのです。だから「無上涅槃」、この上もない悟り、涅槃は「滅度」によって実現するのです。

「滅度」という言葉ですが、これも中村元先生の本に「滅」とは言い過ぎではないかと書いてありました。「煩悩を滅する」とは、言い過ぎで、煩悩から解きほぐされる、解放される、執われが無くなるということが滅ということです。これは「我」の束縛を離れ、執われが無くなる、執着を離れるということです。

煩悩を滅して渡るということでも間違いとは言えませんが、言い過ぎで、「我」の執着を離れるという意味が「滅」です。執着を離れることを「滅」と言うのです。ですから「無我」というのも私が無くなるということではなく「我」に対しての執着を離れることを「無我」と言うのです。執着を離れて浄土に渡っていく。それを「滅」と言っているのです。

私たちは、念仏によって［我］の執着を離れていくわけです。それが滅度であり、悟るということです。そのことが誓われているのが第十八願です。

最後に『高僧和讃』をいただきましょう。

五濁悪世《ごじょくあくせ》のわれらこそ　金剛《こんごう》の信心《しんじん》ばかりにて
ながく生死《しょうじ》をすてはてて　自然《じねん》の浄土《じょうど》にいたるなれ
（『註釈版聖典』五九一頁）

これはわかりやすいですね。五濁とは、「劫濁《こうじょく》・見濁《けんじょく》・煩悩濁《ぼんのうじょく》・衆生濁《しゅじょうじょく》・命濁《みょうじょく》」のことです。みんな自分本位になって、［我］に縛られて自分の都合のいいことばかり言っている世界が五濁の世です。「わしが、わしが」と言いながら、周りの人の気持ちを見失って自分の［我］だけを通そうとするから、この世は濁《にご》りに濁るのです。それが「五濁悪世」です。

「金剛の信心ばかりにて」とありますが、金剛とはダイヤモンドのことで、確かで間違いのないお心との出遇いが信心です。信心によって「ながく生死をすてはて」るのです。長い間の迷いの世界を捨てるということです。

長く捨てると言いますが、捨てるのは一度です。一度捨てたらこれでおしまいです。長く捨てるとは、長く居た生死の世界を捨てるということです。どのくらい長く居たのかというと、私たちは「久遠劫来」、久遠の昔からですから、とてつもない昔から私たちは生死の中に居たのです。

『歎異抄』の第九章に、「お浄土にまいりたい心が起こらないのは、苦悩の旧里《きゅうり》が捨てがたいからである」と書いてあります。「旧里」、長くいた故郷です。その旧里を捨てて果てて、「自然の浄土にいたるなれ」とうたわれています。私を私たらしめてくださる「いのち」の世界である浄土に帰っていくのです。それが「往生のみち」です。

往生というと、「死んだらどこかに行くらしい」というような、わけのわからない話ではありません。わが「いのち」が一つひとつ解きほぐされて、本当の大きな大きな「いのち」になっていく。そういう「いのち」の歩みが「往生」です。言葉を換えると、迷いの世界を出る、離れる「生死出づべき道」のことです。

（二〇〇三年三月二十二日）

第四講　信心

一　弥陀同体とは

前講で「往生」ということをお話いたしました。その往生ということに関して質問をいただいていますので、まずその質問に答えてから、今日のテーマ「信心」についてお話させていただきます。

(問)「弥陀同体《みだどうたい》の仏になる」ということについてご説明ください。

(答) まず、弥陀同体の仏になるとはどういうことを言っているのか。『教行証文類』「真仏土巻」に、

「往生《おうじょう》」と言ふは、『大経《だいきょう》』（上）には「皆受自然虚無之身無極之体《かいじゅじねんこむししんむごくしたい》」とのたまへり
（『註釈版聖典』三七二頁）

とあります。仏になるとはいったいどういうことか。「皆受自然虚無之身」とありますように、仏になると虚無の身になるというのです。皆、虚無の身を受けるのです。虚無と言うと、何もないみたいですが「虚無之身無極之体」とあって、極まりない体をいただく。「弥陀同体」というのはこの体です。仏教で体という時には、これは本質的なもの、本質ということです。極まりないという、そういう本質です。

仏になるということですが、私たちは阿弥陀さまを実体的にとらえています。ものがあるという時には必ず、形というか、仏教では色《しき》と言いますが、私たちは実体的にとらえます。

しかし、ものの存在の仕方は実体として存在するだけではなく、「はたらき」としての存在があるのです。「はたらき」として存在するのです。この時には形がありません。色もないのです。

その譬《たと》えとして「光」の話をしました。光というのは実体がありません。光をつかまえ

られたら電気代が助かりますが、つかまえられないのです。大きな暗幕みたいな袋を作っておいて、今日みたいにお天気のいい日に、昼の間にいっぱいその袋に光をつめておいて、キュッと口を締め逃げないようにしておいて、夜になって、その袋の口を開くと中から光がポッポポッポポ出てきたら、電気代が助かる。でも、つかまえようがない。だから何もないのかというと、そんなことはありません。

「光」というのは私を照らしてくださる、すべてのものを照らしてくださる「はたらき」と、温めてくださる「はたらき」があります。光は照らし、温める「はたらき」として存在しています。

同体といってもけっして、阿弥陀如来という実体があって、それと同じ形や姿になるという、実体的な意味で言っているのではありません。ですから、無極の体という極まりのない、虚無ですから結局、何ものにも執われない、広い広い「阿弥陀さま」と同じ「はたらき」をさせていただく身となり、体にしていただくのです。

阿弥陀さまは実体としてあるのでなく、色もない形もない、心も及ばず言葉も絶えた存在です。しかし、私がここに居るということは、間違いなく私の後ろに無量寿・無量光の世界がある。そういう無量の世界からのはたらきを「ひかりといのちきわみなき阿弥陀ほとけ」と言うのです。

私たちは阿弥陀仏の光に照らされ、温められ、思いも及ばないような長い長い「いのち」の歴史の中に今、わが「いのち」をいただいています。

この「いのち」の世界は一如《いちによ》です。分《わ》け隔《へだ》てがない。分け隔てがない中に居りながら、分け隔てしている私たちです。私たちは阿弥陀さまを、虚無ではなく実体としてつかまえています。その私が、このこだわりを完全に離れた時、阿弥陀さまと同じ一如になりますから、無極の体を得るのです。

だから、阿弥陀さまという実体的な仏が存在して、私もそれと同じ姿の仏になるということを言っているのではありません。この自然とか虚無を、親鸞聖人は「虚空《こくう》にして」とか「広大《こうだい》にして辺際《へんざい》なし」、ものすごい大きな世界として教えてくださいます。その大きな大きな「いのち」の世界が私を生かし、かつ「名」となり「姿」となって私たちにはたらきかけてくださる「はたらき」として阿弥陀仏は存在している。その「はたらき」によって、私たちはこの小さな執われ・こだわりを離れることができるのです。

この小さな執われを離れる「いのち」の歩みを「往生」と言うのです。私たちのこだわりはまず、心にこだわっています。「わしが」という心にこだわっている。そして、もう一つは身にこだわります。二重にこだわります。だから、このこだわりを完全に抜けてしまったら、大きな阿弥陀さまと一つになる。同じ［はたらき］になるのです。実体的に一つの形になるのではなく、［はたらき］として一つになるのです。

そのために、心身のこだわりを超えていくのが仏道です。一つは自力心、「わしが、わしが」という我執の心。実はこれを超えれば、あとはどれだけ長生きしても、いつかはこの身も終わります。［我］さえ超えておいたらいいのです。［我］を超えることが大事なのです。

仏さまの確かな心に遇って超えるのです。それが今日のお話の信心ということです。如来さまのお慈悲に遇って、「わしが、わしがでなかった」と［我］を超える。［我］を超える「往生のみち」の出発を「即得往生《そくとくおうじょう》」と言うのです。［往生］という［いのち］の本当の歩みが始まるのです。

だから仏教では「死ぬ」とは言わないのです。「生まれる」と言うのです。古い［我］の心を捨てて、もっと言うと「自分の心に間違いない」という、［我］にしがみついていた心を捨てて、広い世界に出るわけです。

広い世界に出るけれども、まだ身のこだわりがあります。わが身がかわいい。このこだわりを、身体を持ったままで超えられたらいちばんいいのです。お釈迦さまみたいに身体を持ったまま身体のこだわりを超えられたらいいのです。

ところが悲しいかな、私たちはなかなかこの身体がある間に、身体のこだわりを離れられないのです。どれだけいいことを言っても、「わしはどうなっても」と言っていても、いざとなると「わしが」が出てきます。

しかし、この身体のこだわりは、いつか必ず離れます。もう皆さんの中には、だいぶ近い人もあるんではないですか。（笑い）そのうち離れますよ。（笑い）この身体という殻《から》を脱いでいかなければならないのです。だから、「我」さえ超えておけば、間違いなく仏になる身です。身の執われを超えるのは時間の問題です。

本当は、身体のある間に身心のこだわりを一度に超えられたらいちばんいいのです。しかし、身体がどうしても最後は邪魔をします。身のこだわりを超えるのは身体が終わるのを待つしかないのです。身は例外なく、必ず終わります。「私はいつまでも身が終わらない」という人はいません。だから、仏さまの確かなお慈悲に出遇って「わしが、わしがでなかった」と、我執の心を超えておけば、必ず仏になるのです。

我執の心と身を超えてしまったら、この自然と一つになる。自然と一つになれば、極まりのない本質を得るのです。執われのない身を得るということを「弥陀同体」と言っているのです。

「阿弥陀さまと同じさとり」というのは、阿弥陀さまという何か個体があって、その姿と同じになるということではないのです。「色もなく、形もましまさぬ」阿弥陀さまと「一つはたらき」をする「いのち」になるのです。だから、その「いのち」の世界からいろいろな形で出てくるので、親鸞聖人は「無数の阿弥陀ましまして」（『浄土和讃』）という言い方をされます。仏さまというと、私たち、どうしても実体的なお釈迦さまのような形で見ようとするから、なかなかむずかしいのです。

先に言いましたように、ものが有る・無いということは決して形だけで有る・無しを言っているわけではありません。引力もそうです。引力も形はないけれど、有ります。有るという証拠が、みなさんが今、飛び上がらないでそこに座っていられるわけです。無かったら危ないです。居眠りでもしたら、浮いてしまいます。（笑い）キュッと、いつも何かをつかんでいなければなりません。

仏さまが居られる・居られないというのも実体的な形で居られる・居られないというのではないのです。

「では、あの木像の阿弥陀如来は？」といいますと、以前に、木像は色もない形もない仏さまの存在を私たちに知らせるために、形になってくださった方便だという話をしました。しかし逆に、形に執われたら、仏さまはわからなくなります。その辺がいちばんむずかしいところです。

私たちは子どものころから、特に現在の教育においては、この目で見たものだけが信用できる、この耳で聞いたものだけが信用できると教えられています。本当は、この世の中は、この目で見えないものが多いのです。目の前の埃《ほこり》が見えないから、平気で大口を開けて居眠りする。（笑い）これがハッキリ見えたら口を開けて眠っておれない。見えないからいい。本当に、見えないものがたくさんあるのです。

ところが私たちは、自分の目は確かだと思っていますから、自分の目で見たものだけが存在し、自分が触れたものだけ存在する、体で感じられるものだけが存在していると。しかし、体で感じられないものもいっぱいある。私が感じられなくても、実は「はたらき」としてあるのです。しかし、これがなかなか見えにくい。

親鸞聖人は「雲霧《うんむ》之《し》下《げ》明《みょう》無闇《むあん》」（『正信偈』）と言われる。私たちが「我」の殻を張っているから、光があっても、その光が直接見えないのです。雲がかかっていると太陽は見えません。見えないけれど、本当は私を照らしているのです。

見えなくても、私にはたらいているものがたくさんあるのです。「弥陀同体」というのは、実体的な形ではなしに、阿弥陀さまという［はたらき］というか、本質として一緒になるということです。

二　仏になるということ

次のご質問は、

(問)「臨終一念《りんじゅういちねん》の夕《ゆう》べ、大般涅槃《だいはつねはん》を超証《ちょうしょう》す」とありますが、誰も死んだことがないのになぜ、死後、仏になると言いきれるのですか?

(答)「臨終一念の夕べ、大般涅槃を超証す」とは、親鸞聖人のお言葉です。この身が終わる時が臨終、臨終というのは生きている時ですが、この身がまさに終わらんとする時です。終わった時に、何ものにも執われないものになる。［我］の執われを出た人の話です。［我］の執われの中にいる人は、身があろうとなかろうと［我］の執われの中に居るのですから、［我］の中で永遠にさ迷い歩くのです。［我］の執われを出た人が臨終一念の夕べに、何の執われもない、寂滅《じゃくめつ》無《い》為《らく》の世界、執われのない世界に入るのです。

だから「臨終一念」というのはこの身が終わる。この身が終わって「我」の執われを出た人、「即得往生」によって「往生のみち」を歩んだ人、間違いなく仏になる身になった人は、もうこの身が終わった時、必ず仏になる。最後のこだわりの身がなくなるのですから。

お釈迦さまのように現にこの身を持ったままで、仏さまになった方もこの世には居られます。「誰も死んでいないのにわかるはずがない」と言うけれど、生きたまま仏になった方も居られるのです。「仏になる」とはどういうことか。それは、完全に執着、執われを離れた人が仏です。

しかし、私たちがいつ、完全に執着を離れるかというと、悲しいかな、この身が終わった時です。その「往生のみち」の極まりを「難思《なんじ》議《ぎ》往生《おうじょう》」と言うのです。「往生」という「いのち」の本当の歩みが完結するのです。それこそ私たちの思いも及ばない「いのち」の誕生をさせていただくのです。だから、死ぬのではない。古いこだわりの心を捨てて、そしてさらに、こだわりの身も捨てて、何ものにも執われない「いのち」になっていく。それが仏になるということです。

死にさえすれば仏になると思っている人がいます。「死んだら仏」とよく言うけれど、「我」のこだわりが抜けなかったら、永遠にこの「いのち」は「我」の中にあります。仏になることはありません。

死にさえすれば仏になるのなら、みんな仏になる。「我」のこだわりが問題です。死ぬだけでは仏にならない。「我」のこだわりを超えておかなければいけないのです。

今日は信心のお話ですが、信心というのは、「我」のこだわりが終わって、さらに、身のこだわりを超える「いのち」の出発であり、「往生のみち」のはじまりです。そういう意味で、信心とは、身心のこだわりを超えて、どこまでも新しい「いのち」として生きることですから、死なない人生、死なない「いのち」に目覚めることです。

先日、私は瀬戸内海の島の寺に行きました。暖かいですね。島の海岸ぶちに街があって、お寺の石垣がお城の石垣のようです。その石垣がこの前の地震で少しずれたそうです。「どうするのですか」と聞きましたら、石垣を全部やり直したら何千万円もかかるので、このまま辛抱するとのことでした。

「角の線さえ狂ってなかったら、石垣はまだ百年か二百年くらいは持つと石工が言いますので、そのままにしております」という説明を受けている間に、石垣に蛇の抜け殻が見つかりました。その住職が言うのです。「毎年ここから出てくるんです」。やはり、蛇も決まった穴にいるのです。よほど、その穴が住みごごちがいいのでしょう。

あの蛇の抜け殻を見て「蛇は死んだ」と言う人がいますか？　そんな人はいません。私たちも悲しいかな、この身体を置いて往《い》かなければなりません。でも死ぬのではない。この殻を脱いで、それこそ執われのない、虚無の身を実現するのです。「虚無之身、無極之体」です。執われのない身を、体を実現していくのです。

だから、浄土真宗は「死ぬ」と言わないのです。ある意味でそれを「死ぬ」と言うなら、「我」の心を超えたところで一回死んで、身のこだわりを超えて、二回死んでいるのです。でも、これは死んだのではなく、古い「我」の執われ、我執の心を脱ぎ捨てて、最後はこの「我」そのものの身を脱ぎ捨てて、とことん生きるのです。阿弥陀さまの世界を、阿弥陀さまと同じ「はたらき」をさせていただく「いのち」として生きるのです。

お釈迦さまのように、生きたまま仏になった方が居られるのです。仏になるとは、特別の人間になるのではなく、執われを離れていくということです。「仏法《ぶっぽう》は無我《むが》にて候ふ」（『蓮如上人御一代記聞書』）と、蓮如上人は言われました。無我になっていく、「わしが」というこだわりを超えて、すべての「いのち」と一体化し、すべての「いのち」と一つになって、それこそ他人が居ない。全部、私にとって大切な［いのち］の一部なのです。「私」と「他」、「自」と「他」の壁が完全に取れた方、これを「自他不二《じたふた》」といいますが、そうなった方を仏というのです。

私たちは「あれは他人だ」、「あれは関係ない」と、いつでも自と他の間に壁を作っています。「あれはよその国の話」、「あれはよその民族の話」と、他国・他民族のことには親身になることなく、冷ややかに見ています。

自分を何より大事にして、余った分をちょっと人のことに使うぐらいです。自他の壁が本当に取れるということが仏になるということです。この自他の間の壁が、私たちは二重です。心の壁と身の壁と、この二つの壁が取れて仏になるのです。

お釈迦さまは生きている間から、身体を持ったままその壁を超えておられたけれど、私たちの場合はこの身がある間はどうにもならないのです。しかし［我］さえ超えておけば間違いなく仏になる。間違いなく仏になる人が、この身が終わって仏になるのであって、［我］を超えていない人が死んで仏になることは絶対にないのです。

何度も言いますが、「死んだら仏」という言い方がおかしいのです。今［我］を超えた人が、この身が終わった時に、完全に執われを離れて仏になるのです。そういうことが今、はっきりと言いきれるのです。

「死んでみなければわからない」というあやふやな話ではないのです。「死んでみにゃわからん」と、仏教を聞かない人がよく言います。多くの人は「死んで帰ってきた人がいないのに、なぜそんなことがわかるか」とか、「極楽、極楽と言って、極楽に行って帰ってきた人はいない」と言いますが、そういう実体的な話ではないのです。

仏教はどこまでも「色即是空《しきそくぜくう》」「空即是色《くうそくぜしき》」なのです。それを本当に体現したらいいわけです。私たちがそれを本当に実現するのは、この身を終わらないと実現できないのです。親鸞聖人も本当は、生きている間に仏になりたかったでしょう。だから、苦労して苦労して比叡山で修行されたのです。ところが、どうしてもこの身がある間は、自他の壁が完全に取れないことを悲しまれたのです。

私たちもどうしたって、この身のある間に自他の壁は取れません。悲しいかな、この身が終わらないと取れないのです。だからといって、死んでみなければわからないということではありません。まず今、［我］の心の壁を超えておいたら、あとはこの身が終わったら必ず超えられるのです。

だから「死なないとわからない」と言うのはおかしい。しかし「今、仏になった」と言いきれる人は、よほど素晴らしい器量の人でしょう。真言宗では「即身成仏《そくしんじょうぶつ》」といいます。自力の人は皆、「この身このまま仏」と言いますが、私たちは言えません。もし「私は言える」と言う人がいたら、この世で頑張って、仏になってください。

私は言えません。でも、言えないから死ぬまでどうなるかわからないということではありません。この身のある今、正定聚（間違いなく仏になる仲間）に入れていただき、この身終わると同時に仏にしていただく。だから、信心の人は命終わったら必ず仏になるのです。これは、今はっきり言いきれることです。

親鸞聖人はそう言いきられました。それは何も親鸞聖人の思いつきではなく、お釈迦さまの説かれた教えをいただき、実際に二十年間比叡山で身にかけて修行した上で、「私が仏になるのは今、正定聚に入る信心の道しかない」と言われたのです。

それが「往生」という「いのち」の本当の歩みなのです。

三　信心とは

さて、今日お話をさせていただく「信心」もこのことに関連します。『歎異抄』の第一章に「往生をばとぐるなりと信じて」とあり、そして「信心を要とすとしるべし」とあり、さらに最後の方に「本願を信ぜんには」とあります。［信］という字が三回も第一章の短い文章の中に出てきます。いったい、浄土真宗で［信］というのはどういうことかを、今回はお話しします。

親鸞聖人の言われる［信］というのは「私が信じる」ということではないのです。

多くの宗教は「わたしはあの神さまを信じています」、「あの仏さまを信じています」と言います。神さま、仏さまには間違いがないと、自分で自分に言い聞かせながら納得するのは本当の［信］ではないのです。

［信］とは、「どれだけ考えてもよくわからないから、まあ、信じておくしかないなあ」というような、知性を放棄する話ではないのです。考えてもわからないことをいつまでもぐずぐず考えているのもしんどいから「わからないけれど信じておこう」というのは、本当の［信］ではないのです。

信心というと、「よくわからないから信じておこう」とか「信じている方が楽だから信じておこう」とか、何か自分の都合で信じる人がいます。また「仏さまが居ると思っておいた方が楽だ」とか、「浄土があると思っておいた方が楽だ」とか、「念仏したら間違いないと思っておいた方が楽だ」とか、自分の都合で「信じています」というのは、本当の「信」ではないのです。「考えてもわからないから信じておいたら楽」というのでは、知性の放棄であり、考えることを捨てた投げやりな態度です。

仏教は知性を捨てるのではなく、私たちの知性でとらえ切れない「智慧《ちえ》の世界」を「信」という形で獲得していこうというのです。だから親鸞聖人は「信心の智慧」（『正像末和讃』）という言い方をされます。知性ですべてが解決するなら、宗教はいらないのです。知性で解決できない問題があるのです。また、知性だけではありのままに見えない問題があります。

「信じています」という心は「疑い」です。だいたい、本当に信頼できるものに対して、私たちは「信じています」と言わない。「どうも危なっかしいぞ」と思う時に、私たちは「信じています」と念を押すのです。

だから、子どもが親に向かって「信じています」と言わないでしょう。これ、毎朝言われると困りますよ。（笑い）「お母さんおはよう、今日も信じています」。（笑い）「お父さん信じています」。（笑い）親は困ります。阿弥陀さまに毎朝、手を合わせて「阿弥陀さま今日も信じています」と言ったら、阿弥陀さまも困ります。（笑い）「信じています」というのは「疑い」です。

選挙があると、私の町でも選挙カーが大きな声で走り回ります。私の町は五千六百人の山の中の小さな町です。町会議員選挙で落ちる人は一人か二人で、少ない人は百票くらいで通ります。逆に言うと、少ない数を取り合いしますから激しいものです。選挙になるとかないません。

門徒の人が立候補する。私の家族の数だけ出てくれたら、一票ずつ分け合うとか、(笑い)入れ方もあります。それもちょっと無責任ですけれど。(笑い)そう考えたくなるほど「ご院家さん、頼みます。一票お願いします」と門徒の方が言ってくる。家族四人ですから、門徒四人までにしてもらわないと、(笑い)それ以上出られた時には本当に困るのです。「はい」とは言えません。言っても向こうは「ご院家さん、嘘をついている」ということがわかります。四票しかないのに五人に「はい」なんて言ったら、えらいことになります。

だから、選挙になると逃げたくなる。山の中ですから、昼間は若い人がほとんど街へ勤めに出て、家に居ません。年寄りが少し残っている。三分の一が年寄りです。子どもは少ない。

私の町は一軒一軒がバラバラです。集落といっても固まってない。私の隣の家でも五百メートル以上離れています。ものすごく効率が悪い。一軒ごとに話していかなければなりません。居るか居ないかわからない家の前で演説するのです。

でも、老人の居るところは候補者が誰であっても、入れる入れないに関係なしにお爺ちゃんお婆ちゃんが外に出て、手を振ります。（笑い）田舎ですから、皆どこかで知り合いです。だから、知らないふりをするわけにいかないから出てくる。投票の前の日になると、候補者は車に乗っていては落ち着かない。車から降りて、選挙カーの横を走っています。そして、手を振りに出てきたお爺ちゃんお婆ちゃんの顔を見たら、サーッと近づいて行って、その手をギュッと握って「あなたの一票、信じていますよ、お願いします」と言います。

これ、いつも入れてくれる人に、そんなことを言う必要はないのです。間違いなく自分に入れてくれる人の手を握って「信じていますよ」と言ったら、逆に「疑っていたのか」となります。（笑い）

ところが、顔ではいい顔をしている、返事もいい返事をするけれど、腹の底ではどっちを向いているかわからない。この辺にはそんな人はいないでしょうが、（笑い）私の村には三人ほどいる。（大笑い）そういう時は候補者もよくわかっていて特に念入りに手を握って、力を入れて「あなたの一票を信じています」と。力を入れた分だけ疑っています。（笑い）違いますか？

「信じてますよ」と言うのは、自分では無意識のうちに疑っているのです。子どもが親を「信じてますよ」と言わないのは、そんなことを言わなくても間違いないと思っているからです。間違いないものに出遇ったら「信じています」などと言わなくていい。ですから［信］といっても「信じています」という話ではないのです。

四十半ばの知り合いの壮年と飲みながらいろいろな話をしている時に、「先生、結婚して十五年経って、妻が初めて言ってくれた」と言うのです。「奥さんが何を初めて言ったの？」と聞いたら、「お父さん、信じていますよ」と言ったと。（笑い）「結婚十五年にして初めて言ってくれた」と、うれしそうな顔をして言うのです。

私は彼に言ったのです。「あんまり喜ばん方がいいぞ」と。（大笑い）「何で喜んだらいかんのですか」と聞いてきたから、「今まで言わなかったのは、君を信じていたから」で、（笑い）それを「信じていますよ」と言い出したのは疑いが出てきた証拠だと言ったのです。今までは間違いない夫だと思っていたけれど、十五年経って、最近の夫の様子を見ていると「どうも外で何をしているかわからない」という疑いが出てきた。この辺でいっぺん釘を刺しておかないといけないと思って、「お父さん、信じてますよ」と言ったのだから、喜ばないほうがいいと言ったのです。

そうすると「いやあ、僕にはそんな疑われるようなことはない。また、僕の妻は疑うような人間でない」と頑張るのです。そこで私は「本当に信じて言ったのか、疑いがあって言ったのか、今から調べようか」と。（笑い）「調べようかと言っても、去年の暮れのことですよ。そんな済んだことをどうして調べるのですか」と言うので、「どういう場面で言ったのかがわかったら、本当に信じて言ったのか、疑いがあるから言ったのかがわかる」と言ったのです。

「いつ言った」と聞いたら「去年の暮れに、親しい友達と旅行に出る朝です」と言う。（笑い）めずらしく玄関までカバンを持って送りに出て、カバンを渡す際に「お父さん信じてます」と。（笑い）

これはもう完全に疑っています。（笑い）旅行に行くのに「信じてますよ」と言うのはおかしい。「気をつけて行ってきてください」とか、「お土産、お願いしますよ」と言うのが普通です。それを旅行カバンを渡しながら「信じています」と言うのは、「お父さんはよそへ行くと何をするかわからん、つまらんことをしないで帰ってきてください」という意味です。ということは、夫はよそへ行ったら何をするかわからないという疑いがあるから「信じてますよ」と言ったのです。壮年にそう言ってやりました。

浄土真宗は「信じなさい」という教えではないのです。では、いったい「信」とは何か。そのことを親鸞聖人のご文をいただきながら味わっていこうと思います。親鸞聖人の「信」は、「信じてます」ではないということを覚えておいてください。

いまだに、あちこちでよく聴聞した人が「話を聞いている時はわかったような気がするのですが、なかなか信じられません」と悩んでいます。「信じなければいけない」と思っても、阿弥陀さまは色もない、形もないお方だと言われると「どのように信じたらいいのかわからない」と言われる人もいます。

浄土真宗は「信じよう」という努力をしなくていいのです。「信じてます」は疑いですから。では浄土真宗で「信心、信心」と言うけれども、信心とは何か、そこを今から学んでいきましょう。

四　「いのち」と「いのち」の出遇い

まず『一念多念証文』の二つのお言葉をいただきます。

「聞其《もんご》名号《みょうごう》」といふは、本願《ほんがん》の名号《みょうごう》をきくとのたまへるなり。きくといふは、本願《ほんがん》をききて疑《うたが》ふこころなきを「聞《もん》」といふなり。またきくといふは、信心《しんじん》をあらわす御《み》のりなり。
（『註釈版聖典』六七八頁）

「遇《ぐう》」はまうあふといふ、まうあふと申《もう》すは本願力《ほんがんりき》を信《しん》ずるなり。
（『註釈版聖典』六九一頁）

この二つの言葉をいただいて話します。一つは、信心というのは「聞く」ということだというご文です。もう一つは、信心とは「遇《あ》う」ということだというご文です。そして、先のご文に「疑ふこころなき」を「聞」というとありました。聞くというのは疑う心があったら［聞］にならないのです。

親鸞聖人が言われた［信］というのは、疑う心がなくなった状態。「疑え」と言われても疑えなくなった状態。これを「無疑《むぎ》」と言うのです。

「疑ふこころなき」とは、疑ったらいけないということではありません。宗教は「疑ってはいけない、信じなければいけないもの」と思って、「信じられない、信じられない」と、苦しんでいる人がいます。

浄土真宗は「疑ってはいけない」とは言いません。親鸞聖人は『教行証文類』「後序」の中で「信順《しんじゅん》を因《いん》とし、疑謗《ぎほう》を縁《えん》とす」と言われました。

私たち凡夫、こだわりの強い人間が仏になるのは［信］によるのだと。そして、その手がかりについて「疑謗を縁」とする、と言われのです。

疑いこそが真実に出遇う手がかりです。ですから「疑ったらいけない」と言われると、手がかりがなくなる。無理に疑わなくてもいいのですが、「疑ってはいけない」と、疑いを抑える必要はありません。

疑いがあったら、今日のように、どんどん質問してもらったらいいのです。なかなか上手に答えられませんが、私たちが疑ったくらいで、ゆれるようなものは真実ではないのです。そんなものは、初めから信じるに足りないものです。

　だから、無理に疑うことはないけれど、疑いがあったら、その疑いが手がかりになると、親鸞聖人は言われたのです。そして、さらに「謗」、ののしり、悪口も縁になるのです。浄土真宗は疑ってはいけない、悪口を言ってはいけない、何でもいいから、わかってもわからなくても「信じなさい」という宗教ではないのです。悪口も真実に遇う縁になると言われるのです。

　迦羅々塾《からじゆく》という会があります。カレンダーと、その法話集を製作しています。私もそのメンバーです。昨夜も十一時ごろまで若い僧侶の人たちと勉強会をしていました。そのうちの一人が言うのです。「先生、うちの門徒は困ったものです」。「何が困る」と聞くと、「何かあったら寺の悪口が出る。住職の悪口も言う。困ったものだ」と。

　私は言いました。「いい、ご門徒がおられる」と。（大笑い）「何で悪口を言う門徒がいい門徒ですか」と尋ねますから、「悪口がいいことはないけれど、悪口を言うのは関心があるからです」と。「お寺がこうあってほしい」と思うから、ついつい一言、悪口も言わずにおれないのです。「住職さんには、こうあってほしい」と思うから悪口が出るのです。関心がなくなったら悪口も言わなくなります。

子どもの時もそうでしたね。「僕はあの子嫌いだ」と。本当は好きなのです。（笑い）関心がなかったら「嫌いだ」とも言いません。だから悪口を言わなくなったらいいかというと、それが怖い。無関心ですから。

悪口がいいわけではないが、悪口も縁になるのです。なぜかというと、悪口を言うのはこちらを向いている人なのです。見ているから悪口を言わずにおれない。「この人にはこうあってほしい」と思うから、つい一言、言いたくなる。「どうなってもいい」と思ったら、何も言わない。お寺なんか、どっち向いていようと、ひっくり返ろうと、無くなろうと、どうでもいいと思ったら何も言いません。関心のない人は何も言いません。

だから「浄土真宗はわからん」とか「阿弥陀さんがわからん」と悪口を言うのは、浄土真宗、阿弥陀さまを知りたいという思いがあるのです。それがご縁です。「信心と言われてもわからん、坊さんの話はわからん」と言っている間はまだ、わかりたいという願いがあるのです。それが大事な手がかりです。

それを「疑ってはいけない」、「悪口を言ってはいけない」、「ただありがたい信じなさい」というのは浄土真宗ではないのです。悪口を無理に言わなくてもいい。ないのに言うのはおかしいです。でも、あったら言えばいいのです。

信心とは、疑いようがなくなった状態です。人間というのは「疑うな」と言われると、余計に疑うのです。「信じなさい」と言ったら余計信じない。だいたい、みな反対になります。

「これをあの人に伝えてください」と言うと忘れる。「これをあの人にだけは言わないように」と言ったら、ちゃんと伝わっています。（大笑い）「これはあの人の耳にだけは入れないで」と言ったら、ちゃんと入っています。（笑い）「あの人の耳に入れておいて」と言ったら伝わりません。

浄土真宗は「疑うな」という宗教ではないのです。阿弥陀さまに疑いようがなくなった状態を［信］と言っているのです。

どうしたら疑いようがなくなるのか。それは「遇う」ということによって実現するのです。遇ったら、疑いようがなくなる。だから浄土真宗の信心は「信じてます」という話でなく、「間違いのない如来さまに遇った」ということです。

どうしたら遇えるのか。出遇《であ》いというのは、聞こえるままが出遇いなのです。だから、聞こえるということが［信］なのです。

「聞いた」というのではなく、「聞こえた」ということです。その辺がむずかしいところで、「信じた」というと「私はこう信じた、ああ信じた」と、私が入ってしまいます。「聞こえた」、何が聞こえたか。『南無阿弥陀仏』が聞こえた。『聞其名号《もんごみょうごう》』、その名号が聞こえた。では『なんまんだぶつ』とは何かというと、親鸞聖人は「阿弥陀如来のよび声」だと教えてくださったのです。如来さまが私をよんでくださる、よび声だと。さらに、よび声とは何かというと、本願の名号だと。如来さまの大きなお心から、私たちにかけられた願いが本願です。もっと簡単に言うと、本願とは如来さまのお心です。

信心の［信］は信じた私の心ではなしに、如来さまのお心。確かな阿弥陀さまの願い、確かな阿弥陀さまのお心。そのお心が聞こえたというのが［信］なのです。

どの宗教も信心を言いますが、多くの宗教では「信じた自分の心」が信心です。その心が揺るがないように、拝んだり、祈ったり、わが身にムチ打って、一生懸命に信じようとするのです。それで、ご利益がないと「信心が足りない」と言う。

浄土真宗は信心が足りる・足りないと言いません。信心の心は、如来さまのお心です。足りる・足りないとは言わないのです。

信心とは何かというと、疑いようがなくなった状態です。何に対してかというと、ご本願に疑いようがなくなる。『南無阿弥陀仏』に疑いようがなくなる。要は如来さまのお心に疑いようがなくなるということです。

どうしたら疑いがなくなるのか。遇ったら、疑いようがなくなる。どうしたら出遇えるのか。聞こえた時が出遇いです。だから、聞こえるままを「信」というのです。そのことを「聞即信《もんそくしん》」というのです。

ですから、浄土真宗では「信じなさい」とは言わず、「聞け、聞け」と言うのです。聞いて、「聞こえた」というのが信心です。聞かないと聞こえてきませんから「聞け」とすすめるのです。

この「聞」を「聴聞《ちょうもん》」ともいいます。「どうしたら聞こえますか」といったら、やはり聞かなければ聞こえてきません。親鸞聖人は「聴聞」の「聴」について「ユルサレテキク」。そして「聞」は「シンジテキク」と、その意味を明かしてくださっています。また、諸橋大漢和辞典を見ると、「往くを聴といい、来るを聞という」とあり、大修館の漢和辞典には、「聴は、耳声を待つ」、「聞は、声耳に入る」とあります。だから、聴も聞も同じ「キク」ですが、その意味はだいぶ違います。

「聞」というのは耳に入ってきた声を、そのままいただくということです。ここでは耳に入ってくるのは如来さまのよび声です。その耳に入ってきた、如来さまのよび声をそのままキクのが［聞］です。聞こえるままが如来さまとの出遇いなのです。
［聴］は耳が声を待つのですから、何か聴きたいことがあるのです。いろいろな問題を抱えて、自分ではどうにもならない、もやもやしてはっきりしない、「やっぱり聴かせてもらおう」。これが「耳、声を待つ」という［聴］です。だから、講演会をききに行くのは［聴］です。

「あの先生、どんなことを言うか聴きに行こう」と、耳が声を待っている。聴きに往くわけです。往ってみたら聞こえてくる。それが、自分が期待していたこと、思っていたことと違って、もっとすごいことが聞こえてくる。聞こえてきた、そのままを受け入れるというのが「シンジテキク」ということです。

［聴］の「ユルサレテキク」ということは、どのような思いで聴きに往ってもユルスということです。「そんな思いで来てはいけない」と言わない。どんな思いであってもいい、それをユルサレテ受け入れてくださるのが［聴］の場なのです。そうして、どんな思いを持って往っても、聞こえてきたものをそのまま受け入れるのが「シンジテキク」ということです。聞こえて、遇うのです。

　人間と人間の出遇いも、ただ毎日、顔を見ていれば出遇っているのかというと、そうではありません。出遇ってない場合が多いのです。同じ家に住んで、お互いに利用し合っている。

「お父さんが居ないと便利が悪い」、これでは「釘抜きがないと便利が悪い」と言うのと同じです。「お父さんが居ないと便利悪いな」、「妻が居ないと便利悪いなあ」と言うのは、物か道具と同じです。［いのち］と［いのち］の出遇いと言うにはほど遠い。お互いに同居して利用し合っているだけの間柄です。

人間が本当に出遇うとはどういうことなのでしょうか。［いのち］と［いのち］の出遇いというのは言葉では簡単ですが、なかなかむずかしい問題です。その時その時、自分の都合で他の人を利用し、また反対に他の人から利用されているだけという悲しいあり方になっているのです。

私にもそういうことがあります。偉そうに言っていますが、妻を自分の都合で利用しています。だから利用価値がなくなると、いらない物にするのです。粗大ゴミにして捨てます。粗大ゴミという言い方そのものが［いのち］を［いのち］として見ていない。

利用できる間は利用し、利用価値が無くなると捨てる。案外世の中はそうなっています。会社も企業もそういうことをします。利用できる時は利用するが、できなくなるとバッと捨てます。

私たちは家族・親子・夫婦であっても本当に「いのち」と「いのち」の出遇いをしているのでしょうか。ただその時その時、自分の都合で家族を道具として使っているのです。「亭主元気で留守がいい」と言う。それは、給料さえ振り込んでくれる人がいたら、亭主でなくてもいいということです。(笑い)やっかいな、ぐずぐず言うのが帰ってこない方がよほどいい。そうなると夫婦・親子といっても、「いのち」の交わりはしていないのです。

本当の「いのち」の出遇いは、「聞こえる」ということがあっての出遇いです。何が聞こえるのか。相手の腹底というか、本音が聞こえた時が出遇いです。「ああ、そうか。いろんなことがあったけれど、お父さんはそんなことを思っていてくれたのだなあ」、「お母さんはそういう思いで私のことを見てくれていたんだなあ」と、相手の腹底が聞こえた時に、「ああ、いい「いのち」と出遇ったなあ、いい人と出遇ったなあ」となるのです。聞こえるままが、出遇いです。

ですから、夫婦も出遇わないままに終わってしまう。結婚した当初はお互いに相手の気持ちがわかったつもり。それが十年経つと、ちょっとわからなくなる。二十年も経つと、さっぱりわからない。（笑い）夫のことはさっぱりわからないけれど、隣のご主人の気持ちはよくわかる。（笑い）危ないことになります。（笑い）

遇うということは聞こえるということです。如来さまの『南無阿弥陀仏』のよび声を通して、如来さまの心が聞こえた。それが如来さまとの出遇いです。色もない、形もない如来さまに出遇う。出遇ったら疑いようがなくなる。疑いようがなくなった状態が〔信〕なのです。

確かなものに出遇う。確かなものに疑いようがなくなったら、「わしが」という、小さな小さなこだわりの中にいる必要はなくなる。だから、本当に確かなものに出遇ったら、私たちは〔我〕の執われから出ることができるのです。

信心によって「往生のみち」が始まるのです。即得往生です。「わしが」の〔我〕が死んで、新しい本願を拠りどころとした〔いのち〕をいただく。その「往生のみち」のはじまりを即得往生というのです。けれども、〔我〕の心の執われは出ても、身には執われていて、完全に〔我〕から出たということにはならないのです。

五　新しい「いのち」の誕生

次は、信心をいただいたらどうなるかを教えてくださるご文です。

本願《ほんがん》を信受《しんじゅ》するは、前念命《ぜんねんみょう》終《じゅう》なり。「すなはち正定聚《しょうじょうじゅ》の数《かず》に入《い》る」（論註《ろんちゅう》・上意）と。文

即得往生《そくとくおうじょう》は、後念即生《ごねんそくしょう》なり。「即《そく》のとき必定《ひつじょう》に入《い》る」（易行品《いぎょうぼん》）と。文

（『註釈版聖典』五〇九頁）

これは『愚禿鈔』という親鸞聖人のご著書の中の言葉です。そこに（論註）とか（易行品）とあります。『論註』というのは曇鸞大師《どんらんだいし》の書かれたもので、その意を取ったということで、（論註・上意）と書いてあります。また、『易行品』というのは龍樹菩薩の書かれたものです。

「本願信受」とは確かなものに出遇った。如来さまの願いをいただけたということで、信

心のことです。「信受」とは、如来さまのお心をそのまま受けとめたということです。如来さまのお心が「本願」です。如来さまの摂取不捨《せっしゅふしゃ》の願い、すなわち「どんなことがあっても私を捨てることのない願い」をいただいたということで、信心のことです。

信心をいただくと同時に、命が終わるのです。そのことを「前念命終」と言われたのです。如来さまのお慈悲に出遇った途端に命が終わると、親鸞聖人は仰っしゃるのです。だから、信心は臨終です。［我］の執われの心の臨終です。しかし、私たちの［我］の心は臨終したあとも、すぐに生き返ってくるから困るのです。

私たちの［我］はこの身のある間は、何かあったらすぐに再生してくる。だから難儀なのです。人間は一生涯、この身のある間［我］は生き返ってくる。それが私たちのいちばんの問題です。では、前念に命が終わると言われる命とは何かというと、私たちの先輩は、心の命だと言いました。「わしが」という［我］の心、それを「自力心《じりきしん》」といいます。

自力心とは、「自分は確かだ」、「わが心は確かだ」、「私には間違いがない」という心です。そこにしがみついて、そこで頑張って生きているのが私たちです。わが身を頼み、わが思いを頼み、わが善根を頼む人を自力の人というのです。

私たちは「私は間違いない」、「私はこれだけのことをやった」と、常に自己肯定しながら、自分を是《ぜ》として生きているのです。自分を是とすることは、知らず知らずのうちに他の人を非《ひ》としているのです。自分が間違いないということは、他の人が間違っているということです。この思いに居座っているのが我執です。

信心によって、その［我］の命が終わるのです。「ああ、わしがわしがでなかった。如来さまが居てくださって、みんなが居てくださって、生かされている私だった」という喜びが信心です。それは［我］の心の臨終です。これが大事なのです。しかし、私たちはこがなかなか通過できません。

信心は［我］の心の一応の終わりです。しかし一応の終わりであって、この身がある間は何度も何度も［我］は再生してきます。ですからそのつど、お念仏をして退治してもらうのです。なかなか、完全に［我］は死にきらないのです。

お話を聞いている時は「そうだ、わしがわしがやない、恥ずかしいこと」と思っていても、家に帰ったらまたすぐに［我］が再生するのです。（笑い）だから生きている間は、お念仏をしながら［我］と向かい合って生きるしかないのです。

信心をいただくまでは、とことん［我］で頑張って、とことん［我］に執着しているのです。ところが、お念仏申すことによって「ああ、違った違った」と、常に自分の［我］

に気づかせてもらうようになる。しかし、それでもこの身のある間は完全には「我」がなくならない。お念仏を申しながら、気づかせていただくのです。それでも、お法《みのり》を聞く前のように、最後まで「我」にこだわる、執着する、どこまでも自分を是とし、相手を非とする想いに居座ることはできなくなるのです。

〝みのもんたの身の上相談〟を見ていますと、最後までこだわっている人がいます。「私は悪くない」と。（笑い）あれで最後まで苦しんでいるのです。自分では悪くないと思っていても、他の人からはそう見えない。そこに問題があるのです。私たちは「自分は間違っていない」と思うから、なかなか他の人の言うことが聞けません。そこがいちばん問題です。

信心によって「我」の心が死ぬ。「我」の心、「わしが」の心命が死んだら「入正定聚」です。「すなわち正定聚の数に入る」のです。「わしが」という「我」に、とことん執着した心が、信心によって「我」に執着しきれなくなります。「ああ、違う違う」と「我」を打ち消してもらうのです。

本願信受の時に、私たちは間違いなく仏になる身になる。正定聚の身です。間違いなく仏になる身になっているから、この身が終わると同時に間違いなく仏になるのです。ですから「入正定聚」が大事なのです。

私たちは今まで「生きている間は凡夫、死んだら仏」と、居座ってきたからおかしいのです。少なくとも親鸞聖人はそう言われません。生きている間は凡夫に違いありませんが、信心をいただいた人は凡夫の仲間から出て正定聚、間違いなく仏になる身にさせていただき、菩薩として生きるのです。そして、この身が終わると同時に仏になるのです。

凡夫がいきなり「死んだら仏になる」と言うから、「そんなバカなことがあるか」となるのです。親鸞聖人は、凡夫が凡夫の仲間から出て正定聚の身にしていただいて、身命終と同時に仏にしていただくと明かしてくださったのです。

「前念命終」、「我」の心の命が終わると同時に「後念即生」です。正定聚に入ると同時に新しい「いのち」をいただくのです。その新しい「いのち」の誕生を「即得往生」というのです。

「往生」の「往」は、自分の「いのち」の拠りどころが変わるということです。今までは「わしが」という「我」を拠りどころに、そこに腰を据えて、「我」を是として一歩も譲らなかったのが、「我」を超えて、如来を依りどころとした世界に「往」き「生」まれるのです。

「往」とは、「我」を「出る」ということです。「わしが」の「我」を出ることが「往」なのです。そして「わしが」の「我」を離れることが「生」まれるということです。信心は命終であると同時に、新しい「いのち」の誕生です。何の臨終かというと「わしが」の「我」の心命の臨終です。けれども、この「わしが」の心命が本当に死にきっていないので、この身がある間、何となくぐずぐず言いながら、お念仏に「違う、違う」と「我」の心を叩いてもらいながら生きるのです。

「前念命終」と「後念即生」の前念・後念には時間的に差があるわけではありません。それこそ一念の間の出来事ですから、即です。新しい「いのち」の誕生です。この誕生は「即得往生」という「往生のみち」のはじまりです。

そして最後に「必定に入る」と書いてあります。必定というのは、必ず、仏となることに定まった菩薩です。ですから私たちは、凡夫が死んだら仏になるというのではなく、凡夫が信心をいただいて、凡夫の仲間から出て菩薩となり、菩薩が仏になるのです。

私たちの本性は変わりません。性《しょう》というのは変わらない。変わらないから性と言うのです。変わったら性とは言わない。私たちはこの身のある間、その性は凡夫です。凡夫だけれども凡夫の仲間を出て、菩薩として生きるのです。

凡夫と言っておいた方が楽ですから、私たちはいつまでも「凡夫、凡夫」と言って、自分で自分を甘やかしているのです。凡夫には違いないけれども、信心の人は「凡数《ぼんじゅ》の摂《しょう》(凡夫の仲間)にあらず」(『入出二門偈』)で、菩薩なのです。信心とは、気持ちの問題、心の持ち方といった話ではないのです。身のあり方、「いのち」のあり方が変わるのです。それが信心です。

ですから、この「我」の心の壁さえ通過しておけば、あとは最後の壁である身の垣根を超えるのは時間の問題です。「我」を超えないと、いつまで経っても「我」のこだわりの中でさ迷い続け、永遠に迷い続けるしかないのです。その「我」のこだわりを超えさせていただくのが信心なのです。だから信心は「我」の心の命終であり、如来のお心に樹《た》って生きる「いのち」の誕生なのです。

六　信心は一心

もう少し、信心の中身を話しておきます。親鸞聖人は『尊号真像銘文《そんごうしんぞうめいもん》』において、信心は「一心」であると、天親菩薩のお示しを喜ばれました。

「一心《いっしん》」といふは教主世尊《きょうしゅせそん》の御《み》ことのりをふたごころなく疑《うたがい》なしとなり。すなはちこれまことの信心《しんじん》なり。（『註釈版聖典』六五一頁）

一心というのは二心《ふたごころ》がないことです。一と二と言うのはただ数字の問題ではないのです。私もはじめは一は二でないのは当たり前だと思っていました。なぜこんなことをもっともらしく親鸞聖人は言われるのかと思いました。私たちがみ教えに遇う時に、自分の身というのが常に問題になるわけですが、一心と二心では、如来さまとの遇い方がまるで違うのです。

宗教、特に仏教は「今ここに居る、この身」の問題なのです。今ここにあるこの身を何より問題にしているのです。私たちの日常はどちらかというと、自分の身を問題にしないで、他人の身の上のことを問題にしています。「あの人はいけない、この人もいけない、誰それもおかしい」と、他の人のことばかり問題にしています。他の人のこともいいけれど、やはりもっと自分の身の上のことを考えなければいけません。この身がいちばん問題なのです。

この身を問題にしないで、どちらの仏さまを拝んでおいた方がご利益《りやく》が多いか、どこの神さまの方がいいかと、何か物を買うのに、どちらの店が安いか、どちらがサービスがいいかと言うのと同じような考えで宗教を見ているのです。どこの仏さまがいいか、神さまがいいか、何でもいいのです。ご利益さえあれば、という宗教の見方です。

そこでは自分というものがまったく問題になっていない。自身が問題にならないで、ただ、どちらがご利益があるか、どちらを拝んでおいた方が得か損かという損得計算をして、何か物を買うような感覚で、仏さま・神さまを見ている。自分の計算で、どちらを拝んでおいた方が得か、損かと。そこには私のこの身はまったく関係ない。そういう信仰のあり方が二心《ふたごころ》です。

拝んでおけば何かご利益をくださるだろう。なるべく少ないお賽銭でたくさんご利益がある、効果がある仏さま・神さまを捜すのです。なるべく元手を使わないで、より大きなご利益をいただこうという信仰が二心《ふたごころ》です。

私の寺のご門徒が「ご院家さん、浄土真宗は有難いですなあ」と言いました。うれしかったですね。「あんた、わかったか」と言いましたら「昔からよくわかっています」。「寺にも参らないのに昔からわかってたのか」と。さらに尋ねてみてガッカリしました。

どうわかっていたのかというと、「門徒もの知らず」で「何もしなくてもいいから有難い」と。（笑い）楽だから有難いと言うのです。これでは困ります。

一心というのは、わが身というものが問題になって初めて言えることです。わが身を問うと、それこそ、こだわりの強い、［我］の強い、［我］そのもの、煩悩そのものの身です。そんなわが身を知ったら、この身がすくわれていく道は、あれか、これかというような、のんきなことを言っておれません。あっちがいい、こっちがいいではない、この我執の強いわが身のすくわれる道は、これしかないというのが一心です。

自分で自分の我執を破れるような人間ならいいけれど、何をやっても［我］を強くしていく人間のすくわれていく道はお念仏しかないのです。阿弥陀如来に遇うしかなかった。私のすくいは阿弥陀さまの確かな教えに遇うしかなかった。「これしかない」というのが一心です。

それが『歎異抄』第二章にある「ただ念仏して」の「ただ」です。「ただ」というのは唯《ゆい》、という字です。何もしないで、ただですくってもらえると言って、只の字を当てはめる人がいます、ロ・ハ、只。（笑い）「ただ念仏して」の「ただ」は只ですくわれるという、只の字ではありません。「門徒もの知らず」を、何もしなくていいから有難いと思っている門徒みたいなものです。

「ただ」というのは、唯一です。「信心とはどういうものですか」というと、わが身を抜きにして信心があるわけではありません。だから「何でもいいから拝んでおいたら何かご利益をくださるだろう」とか「何でもいいから信じたことにしておけばいい」というのは信心ではありません。信心というのは一心《いっしん》であって、二心《ふたごころ》なしです。あっちか、こっちかの話ではないのです。

私たちが何か買い物に行って、これを買うには、どこのスーパーがいいか、これはどの店が安いかという話は、そのつどそのつど変わるでしょう。信仰も同じように、「入試はどこの神さまがいい、いつもお参りしている神さまは入試には弱いから」と。（笑い）ですから神さまの場合、みな分業しているのです。癌の神さまとか、商売でも酒の神さまとか、いろいろある。しかしそれは、自分の都合のいいように神さまを利用しているのです。利用できるものは何でも利用してやろうという根性で、私がすくわれていくという問題ではありません。

拝みながら、それもなるべく簡単に、少しのお賽銭で、たくさんのご利益が貰えるなら、それは物怪《もっけ》の幸いと。仏神をも利用してやろうという態度です。そんなのは本当の宗教を求める心ではありません。

信心はそういう二心《ふたごころ》という話ではないのです。それが先のご文です。信心をいろいろな言葉で、親鸞聖人は明らかにしてくださるのです。

七　二種深信

次に「二種深信」についてお話しましょう。浄土真宗の信心は「二種深信」です。そのご文をいただきます。

「深心《じんしん》」といふは、すなはちこれ深信《じんしん》の心《しん》なり。また二種《にしゅ》あり。一《ひと》つには決定《けつじょう》して深《ふか》く、自身《じしん》は現《げん》にこれ罪悪生死《ざいあくしょうじ》の凡夫《ぼんぶ》、曠劫《こうごう》よりこのかた、つねに没《もつ》し、つねに流転《るてん》して、出離《しゅつり》の縁《えん》あることなしと信《しん》ず。二《ふた》つには、決定《けつじょう》して深《ふか》く、彼《か》の阿弥陀仏《あみだぶつ》の、四《し》十八願《じゅうはちがん》は衆生《しゅじょう》を摂受《しょうじゅ》して、疑《うたがい》なく慮《おもんぱかり》なく彼《か》の願力《がんりき》に乗《じょう》じて、定《さだ》んで往生を得《う》と信《しん》ず。

（『註釈版聖典』二一七頁）

これは善導大師が『観無量寿経』を注釈された『観経四帖疏』の「散善義《さんぜんぎ》」の言葉です。至誠心《しじょうしん》・深心《じんしん》・回向発願心《えこうほつがんしん》という三つの心が『観無量寿経』に出てくるのですが、その中の「深心」という言葉を解釈してくださったご文です。

私たちは確かなもの、真実（まこと）なるものに出遇うことによって、自分の不確かさや真実でない相（すがた）に気づくのです。

私たちは同じような人間の中にいると、なかなか自分が見えません。見えないどころか、同じような人間の中にいると、だんだん自惚《うぬぼ》れていきます。なぜかというと、私たちの自分を見る目は甘く、他人を見る目は辛いからです。第三者から見たら同じぐらいでも私たちは相手に比べて「自分の方が上」と思っています。（笑い）だから、同じような人間の中にいるとだんだん自惚れていくのです。

「人は上がり上がりて落ち場を知らぬなり」（『蓮如上人御一代記聞書』）と、蓮如上人は私たちのあり方を教えてくださいました。放っておいたら、口では「わしはつまらん人間」と言いながら、身は上に上に上がっていくのです。（笑い）「私もつまらんけれどあれよりもまし」、「私もお粗末だけれどあれほどひどくない」、「私も立派でないけれどあんな者に比べられたら」と言いながら、いちばん上まで行くのです。

そして、人を下に見て「あの人も歳だけれど、あかんなあ」、（笑い）「あの人も偉そうなことを言うわりにできとらんなあ」、「あれももう一つだなあ」と。（笑い）人間というのは放っておいたらみんな、こうなる。特に体が動かなくなるとこうなってきます。「あれもあかんなあ、私の若いころと比べたらつまらんものだ」というようになるのです。

話は変わりますが、「死んだらおしまい」と思っている人間がいちばんつまらない。なぜかというと、死んだらおしまいという人は、死が近づいてくると前を見るのが怖いから、後ろを振り向くのです。そして「若い時はよかった」、（笑い）「昔はこうだった」と、自分の若い時を誇ったり、昔を懐かしみながら、返す刀で「今ごろの若い者はつまらん」と言う。（笑い）すると若い者は「こんな年寄りの相手はしておれない」と、みんな逃げてしまう。

なぜこうなるのか。死ですべてが終わると思うと、前がなくなるので過去を語るしかないのです。だから、死んだら終わりという人は、歳とともに「若い時は、昔は」という生き方になるのです。

浄土真宗の教えを聞いている人は歳をとっても、若い時のことを言っている暇がない。まだまだ、これから仏になる「いのち」を生きるのです。死んで終わりではない。確かにこの身は終わっていきます。この身は終わっていくけれど、この身の死を突き抜けて、新しい「いのち」を生きていくわけです。若い者の方を向いて、ぐずぐず言っておれません。今度は仏になって大活躍をしなければならないと思って生きたら、後ろを向いてぐずぐず言っておれません。どこまでも前を向いて生きるのです。お年寄りが前を向いて生きていたら、あとから来る者も必ずうしろからついて来ます。

死で終わってしまう人生を生きている人は、前を向かずに後ろを向いて「若い時は、昔は」と言って、つまらない自慢をします。自慢するだけでなく、ついでに今の若い者をくさします。だから、若い者に嫌われ、逃げられるのです。

逆に、終わりなき人生をどこまでも前向きに生きていたら「どうしてあんなに元気が出るのかなあ。もうわずかな命しかない者が」と。それは、死で終わらない「いのち」を生きているからです。

念仏者はぐずぐず言わないで『なんまんだぶ・なんまんだぶ』と前を向いて、いただいた「いのち」を生きるのです。「お粗末なことや、恥ずかしいことや」と言いながら前を向いて生きていく。前を向いて仏になる「いのち」を生きる。それが「往生」ということです。それが信心の問題です。

人間は同じような者の間にいると、ただ自惚れるだけで終わります。異質な人に会うと自分を見つめ直すことができるのです。だから、私たちのことを思ってくださる仏さまのお心に出遇うことによって、自分のありのままの姿が見えるのです。

親鸞聖人は「信は審《しん》なり」（『教行証文類』「信巻」）と、明らかにしてくださいました。審判の審です。「明らかになる」という意味です。

「審」、のウかんむりは家の中です。このごろは照明器具がよくなりましたから家の中も明るいですが、昔の家の中は暗かったのです。特に京都の家は「うなぎの寝床」といって、間口が狭くて奥行きが深い。その狭い間口に格子がありますから光が入らないので家の中は暗かったのです。だから、ウかんむりは暗くてはっきり見えないという字です。「番」は、はっきりするという字です。あなたが一番、あなたが二番と。「番」ははっきりさせるという字です。はっきりしないところをはっきりさせるというのが「審」なのです。だから、審判というのは判定をはっきりさせる人です。

審というのは、明らかになるということです。信心について、私の若い時、「信心が人間にわかるはずがない」とか、「信心が人間にわかったらおかしい」とか、「わからないから信心は尊い」みたいなことを言う人がいました。

しかし、審というのはわからなかったことがわかるという字です。何がわかるかというと、今まではっきりしなかった、よく見えなかったことが明らかになるのです。如来さまが、わが［いのち］に届いている大きな［いのち］の［はたらき］、お慈悲の［はたらき］が明らかになるのです。

「ああそうか、自分一人の力で生きているように思っていたけれど、わが［いのち］は大きなお慈悲の［はたらき］の中にあった」と明らかになるのです。その私を生かしてくださる大きな大きな力・［はたらき］、その［はたらき］はまた、私の目覚めを促してくださる［はたらき］でもあります。

そんな［はたらき］、わが［いのち］によびかけてくださる［はたらき］が明らかになると同時に、自分のありのままの相、自身が明らかになるのです。

だから、如来さまを光に例えるなら、光に出遇って、わが暗部、わが身の暗いところが明らかになるのです。わが内なる闇が明らかになる。どんなふうに明らかになるかを示してくださったのが、今いただいた二種深信のご文です。

まず、「自身は現に是れ罪悪生死の凡夫」とあります。如来さまのお慈悲に出遇って明らかになるのは「自身は現に是れ」、今、ここに居る自身が明らかになるのです。『歎異抄』の後序には「自身はこれ現に」とありますが、これは『歎異抄』の方が間違っています。

「現」とは今、私は「是れ」を「ここ」といただくのです。今ここにいる私が明らかになる。私たちは他人のことはよく見えていますが、自分のことは見えていません。それが如来さまに出遇って、信心によって、今ここにいる私が明らかになる。

どう明らかになったか。「罪悪生死の凡夫」と明らかになる。罪悪生死の凡夫を丁寧に言うと「罪悪深重《ざいあくじんじゅう》の身《み》」・「生死輪転《しょうじりんでん》の身」・「凡夫の身」ということです。昨日の私ではない、明日の私の話でもなく、今ここにいる私が「罪悪深重の身」であり、「生死輪転の身」であり、「凡夫の身」でありましたと明らかになるのです。

まず、この「罪悪深重」ということについて考えてみましょう。私たちは「我」を張ります。我を張ると周りの「いのち」が見えなくなります。「わしが、わしが」と、自分の「我」を押しつけるだけで、周りの人の気持ちがわからくなります。子どもの気持ちもわからない。夫婦でもお互いの気持ちがわからない。ただ自分の思いが叶わないと「つまらない奴だ」と責めるだけ。親でさえ責めます。私たちは自分の思うようにならない人間を責めるだけです。

そんな形で周りの［いのち］を傷つけ、苦しめているのが私たちです。自分が何をやっているかに気づいていない。結局、［我］を張って他の人の気持ちがわからず、ただ自分の思いだけを押し付けて、思うようにいかないと「夫はつまらない」、「妻はつまらない」、「親はつまらない」、「子どもはつまらない」、皆つまらない。つまっているのは自分一人だと、大手を振って周りの［いのち］を苦しめているのが私たちです。それが罪悪なのです。そのことの恐ろしさが自分ではわからない。わかっていれば問題は浅く軽いのですが、わからないから問題の根は深く重いのです。

人間には、知ってやる悪と知らないでやる悪があります。悪いと思ってやった悪と、知らずにやった悪はどちらが悪いかというと、法律では、知らずにやったものは罪にならない。心神耗弱《しんしんこうじゃく》といって、ものの善悪が判断できない人が、人を殺しても罪にならない。たとえ、自分の親を殺しても、善悪の判断ができない状況の人は罪にならない。

大阪の池田市で小学生をたくさん殺した事件がありました。あの犯人は、わざと精神的に問題があるように見せかけて精神鑑定を受けた。これは善か悪か、知ってやったら罪になります。だから、この世では悪と知ってやった人の方が悪い。それは悪の中の悪です。知らずにやったのは「仕方がない」となるのです。

しかし、仏教ではそういう見方をしません。知ってやっているのは自分でわかる程度ですから、それほど根が深くない。自分のやっていることが見えているのですから。自分でわかってやっているのは、根が浅いのです。

知らずにやっているのは、根が深いのです。自分が［我］を張って、他の人を苦しめていることに気づかないで生きている。この世の法律では、知っている者が重い罪になりますが、本当に［いのち］そのものを考えた時には、知っている者はまだ根が浅く軽い。知らずにやっている者こそ、根が深く重いのです。

私たちは、知らず知らずのうちに他の人を苦しめていることに気づかずに生きています。そのようなこの身が明らかになる。それを信心というのです。信心とは真実なるものに出遇って「なんとお恥ずかしい、悲しい私であった」という目覚めです。

私たちは自分が恥ずかしい者であると、なかなか思いません。でも他の人には言います。「あの人も少し恥を知ればいいのに」と。（笑い）「よくあんなことをやって表を歩けるなあ」と、他の人に言ってる私が、本当は恥ずかしくて大手を振って表を歩けない人間なのです。自分が見えてないから大手を振って歩いているのです。

私の腹の中が他の人に見えたら表は歩けません。奇麗な人を見たら「いいなあ」と思うだけでなく、考えてはいけないことを思ってしまいます。その腹の中が他の人に見えたら、恥ずかしくて歩いておれません。他の人に見えないからいいのですが、そんな私自身が実は罪悪深重なのです。

次に「生死」ですが、これは「生死輪転の身」ということです。今ここにある私とはどういう私か。「罪悪の深重の身」と同時に「生死輪転の身」なのです。生死輪転とは五悪《ごあく》趣《しゅ》を行ったり来たりするあり方です。五悪趣とは地獄・餓鬼・畜生・人間・天人の境界です。私たちは自分がそんなところへ行ったり来たりしていると思っていませんが、本当はしているのです。それが、自分ではまったくわかっていないのです。

どんなふうに行ったり来たりしているかというと、人間は物事が順調にいくと貪《むさぼ》る。「もっと、もっと」と、貪ります。貪って人間は喜びと感謝の心を失うのです。

人間はおかしなものです。物を持てば持つほど喜びが多くなるかというと、物を持てば持つほど、喜びは小さくなります。物を持たない時の方が、物を持つ喜びが大きかったのです。物がない時の方が、ちょっとした物でも喜ぶ。一つの物でも「ああ、有難い」と喜びます。

人間は貪れば貪るほど喜びがなくなる。持てば持つほど喜びが大きくなったらいいのですが、持てば持つほど喜びは少なくなる。恵まれた国の人間ほど喜びがないのです。同じものでも恵まれない国の人は喜びます。だから、物質的に恵まれるのが、一概にいいことだとは言えない。

喜びを失った「いのち」は、どれだけ大きな身体をしていても、仏さまの目から見ると痩せ細った貧しい「いのち」です。骨皮筋衛門《ほねかわすじえもん》です。そして下腹だけが膨《ふく》れている。この下腹に詰まっているのは不足だけです。不足だけを腹いっぱいに詰めて、何を持っても喜ばない。そんな「いのち」を絵に画くと、痩せ細り、下腹だけが出ている姿になる。この姿を「餓鬼《がき》」というのです。

私たちが子どもの時には、物を買ってもらうと近所に見せて歩きました。「お父さんに買ってもらった、お母さんに買ってもらった」と言って歩きました。このごろそんなことを言う子はいません。「そんな物、見せて歩いたら恥ずかしい」と言う。もっと言うと、素直に喜んだら恥ずかしいみたいに思って「こんなもの」と格好をつける。喜ばなくなりました。みんな餓鬼になっているのです。

反対に、思うようにいかないと腹を立てる。腹を立ててどうするかというと、顔色を変えて、他の人を責める。顔色を変えて他の人を責めている生きる「いのち」を「鬼」というのです。鬼というのは死んでから、私を迎えに来る地獄の使者ではありません。鬼なんか今の私と関係ないと思っている。仏教はみんな、この私に関係したことが説かれているのです。浅原才市《あさはらさいち》という念仏を喜んだ人は、自分の姿を画いてもらった時、わざわざ角《つの》を画かせています。

妙好人で、角があったという人が何人も居ます。私の住む広島にも一人いました。寺の真ん前に住みながら、飲む・打つ・買う、何を買うのかは知りませんが。（笑い）寺の前に住みながら、寺に参ったことがないどころか、寺に参る人を引き止めて、寺参りの邪魔をしたのです。

それが、ある時、頭が痛いので、どうしたのかと思って家族に見てもらったら、角が生えている。（笑い）それで家族が「お父さんのような生き方をしているから角が生える。角の生えたままでは、やっぱりあいつは鬼だったと言われる」と言うのです。そこで、息子に夜中に角を切ってもらう。

糸鋸か何かでガリガリ、ガリガリ角を切る。ところが、切っても切っても生えてくる。どうにもならない。「お父さんが寺や住職さんの悪口ばっかり言っているからだ。心を入れ替えない限り、角はなくならない」と、家族は言いました。

これは福山市の光明寺というお寺の話で、仰誓和上《ごうぜいわじょう》が書かれた『妙好人伝』に出ています。切っても切っても角が生えてきて、頭が痛い。それで最後は「やっぱりお寺に参って、ご院家さん（住職）からしっかりお話を聞いて、お父さんの根性が直らない限りどうにもならない」と。そして「今のままだと、どれだけ切っても角は生えてくる」と、家族は言いました。本人はお寺に参りたくないけれど、家族に言われ、痛みに耐えかねて、手拭いで角を隠して寺に参ったのです。

その時の住職さんは千葉教嶺という人でした。今まで、寺や住職の悪口ばっかり言っていた者が急に参った。どうせ住職さんに嫌みの一つも言われるだろうと、覚悟して参った。そうしましたら住職さんが喜んで、「ああ、よく参ってくれた。私は住職として寺の真ん前のあんたにご縁を結んでもらえないことを、情けないと思っていた。ああうれしい、うれしい」と、嫌みを言うどころか喜んでくださったのです。

本堂の前までくると、今まで悪口を言っていたから阿弥陀さまが怖い。悪口を言った分、怖い。それでも住職さんにすすめられて阿弥陀さまの前に座った。そして「如来さまは怒っておられませんか」と言ったら、住職さんが「怒っているかどうか、よく阿弥陀さまのお顔を見てごらん」と。

如来さまは優しい目でこちらを見ておられる。「ああ、何でこんな仏さまの悪口を言ってきたのか」と、思わず知らず「なんまんだぶつ、なんまんだぶつ」と、お念仏が出た時に、ポロッとその角が落ちたというのです。その角が、つい最近まであったというのです。（笑い）

若院さんが大学院に行って『妙好人伝』を勉強したら、そこに自分の寺の話が載っているので驚いた。『妙好人伝』を書かれた仰誓和上が、その落ちた角を見て、小指くらいの大きさだったと書いてあります。

今の住職さんが、そういえば「うちのお寺には他の寺にはないものがある。うちの寺には角がある」と、飲んだらいつも言っていた亡き前住職の話を思い出した。若い時には「また親父はホラ吹いて、バカなことを」と思っていたそうです。若院さんが「お父さん、うちのお寺のことが書いてある」と言うので、お寺の中を捜したが、どうしても見つからなくて残念です、と言われていました。それで、若院さんの副住職就任の記念に、その妙好人の話を絵本にしました。その原文を私が書きました。

妙好人には角が生えてくる話がよくある。本当に角が生えてくるとは思いませんが。妙好人といわれる人は鬼を自分自身の上で味わっていたから、残された話だと思います。

浅原才市さんは自分の上と奥さんの上で味わっています。「うちのかかあの寝顔を見れば、地獄の鬼のそのまんま」、（笑い）「うちの家には鬼が二匹いる。男鬼に女鬼。はづかし、はづかし、はづかし」とうたっています。

怒りの煩悩で顔色を変えて人を責めている「いのち」のあり方が鬼なのです。そんな鬼の棲んでいるところが地獄です。私たちは、朝は餓鬼になり、昼は地獄に行き、夜は畜生になったりします。

畜生というのは、愚かさの煩悩に引きずられている「いのち」のあり方です。愚かとは、生かされていることも知らず、わが身がどちらを向いて生きているのかもわからないあり方です。ただその時その時、腹いっぱいなら満足と、寝ころんで生きているのを畜生というのです。

私たちはそんな悲しい生き方をくり返している。毎日毎日、日に何回となしにくり返している。朝、目を開けて気に入らないことがあると鬼になる。また、外に出て人がいい物を持っていると餓鬼になる。それが今、ここにいるわが身のありのままの姿です。そのことが明らかになり、「本当にそうだな」とこの身にうなずくのが「機《き》の深信《じんしん》」です。

だから、信心とは、仏さまの間違いのないお慈悲が明らかになると同時に、自分のありのままのお粗末な姿が明らかになることです。私は凡夫の身でしかなかったということが明らかになるのです。

今の私のありのままの姿が明らかになる。ということは、前生の私がどうであったかも明らかになるのです。

今生のわが身が明らかになったら、生まれてくる前はどうしていたのかがわかる。生まれてくる前のことが「曠劫《こうごう》よりこのかた、つねに没し、つねに流転して」と、二種深信のご文にはあります。

曠劫以来ですから、昔の昔の、わからないくらい古い昔から常没・常流転してきた私。そのことが明らかになるのです。自分の過去が見える。「常没」と見える。常没とは常に罪悪の中に沈んできたということです。そして、生死流転の身でもあったのです。前生も今と変わらない「いのち」のあり方をしてきたのです。

生まれてくる前につまらないことをしたから、今こんな目に遭《あ》っているというのではありません。もし、そんな受けとめ方をしたら、恐ろしい差別の論理になります。今、差別を受けるのは、昔悪いことをしたからだと。今、障害を持って生まれてきたのは、昔いいことをしていないからということになる。仏教はそんな話ではありません。

私は生まれてくる前どこにいたのか、どんな姿をしていたのか、まったく覚えていません。覚えていないけれど、今と変わらない「いのち」のあり方をしていたという受けとめです。今と関係なしに、過去にこんなことがあったから、今こんなになったという受けとめ方ではないのです。

だから「今、貧乏するのも、あなたが昔、悪いことをしたから」、「今、不幸であるのは、前生が悪かったから」と、何でもこう言っていくと、つらい立場にいる人を責める論理になります。仏教はそんな教えではないのです。

迷信の元になるのは「一因一果」という考え方です。一つの結果が出ると、それに一つの因を無理やりくっつけるのです。「今、こんなことになったのは、前生でこういうことをしたから」と言われても、生まれる前のことはわからないから、そう言われた人はつらいだけです。

また、不幸が続くのは先祖供養を十分にしていないからとか、先祖供養こそが家庭の幸せの元だとか、そんな本がたくさん売られています。そのようなものの見方は仏教ではありません。

仏教では、自分の今のありのままの姿を知らされた時に、今のあり方は、昨日・今日から始まったような根の浅いものではない。深い深い根を持っていると受けとめるのです。

私たちは生まれてくる前どこにいたか、どんな姿をしていたか、わかりません。時にはわかったようなことを言う人がいます。「生まれてくる前の私は○○でした」と、わかったようなことを言う人は、だいたい偽者《にせもの》です。

日本に「私は釈迦の生まれ変わりだ」と、ぬけぬけと言う人が今、二人います。（笑い）前は三人いました。（大笑い）今は二人です。そんなことを言うのは偽者です。今でも「私は阿難の生まれ変わり」と言う人がいます。

前生で、私たちはどこにいたのか、どうしていたのか、わかりません。わからないけれど、どんな「いのち」のあり方をしていたかというと、今と似たり寄ったりのあり方をしていた。「昔は仏さまだったけれど、今はこうなった」とは到底言えません。

さらに言うならば、私たちは死んだらどうなるか。このまま死んだら、後生《ごしょう》はどうなるのか。それは死んでみなければわからないということではない。今のままで死んだら、後生も今と変わらない人生をくり返す。そのことを「無有出離之縁《むうしゆつりのえん》」という。「出離の縁有ること無し」と、善導大師は教えてくださったのです。

今の「罪悪生死の凡夫」というあり方から抜け出る、離れる手がかりが永遠にないと言われているのです。

罪悪生死の凡夫が、前生でも「常に没し常に流転して」きて、今生で如来さまに遇うことなく終わったら、後生では「出離之縁有ること無し」です。永遠にすくわれようのない［いのち］のあり方を続けていくのです。

「自身は現に是れ罪悪生死の凡夫」ということが、如来さまの真実に遇って自身が明らかになる。今ここにいる私は、もっとましな、もっと出来のいい人間だと思っていたけれど、何ともお粗末な者でありましたと、如来の本願に遇って明らかなる。このようなお粗末なあり方は「曠劫より」のことであり、昔の昔から、今とあまり変わらない［いのち］でありましたと明らかになる。

［我］を持ったままでこの身が終わったら、この身がなくなっても、私の［いのち］は［我］の中で迷いをくり返し、そこから出る、離れる手がかりが永遠にないまま、迷い続けるのです。「出離の縁無し」でいいのを、わざわざ「有ること無し」と言われているのは、永遠に無いということです。

魚屋さんに行って「鯛はありませんか」と言ったら「いや、切れてます」と言われる。それは、「今は無い」という意味です。それが「無し」です。これが煙草屋さんに行って

「鯛はないですか」と言ったら、永遠に無い。（笑い）それが「有ること無し」ということです。

「出離の縁無し」は、今ちょっと切れているということです。「有ること無し」は永遠に無いということです。

私たちが［我］の心のままでこの身が終わったら、永遠に今と同じことをくり返していくしかありません。ですから［我］の執われがある限り、この身終わっても仏になることはない。永遠に出離の縁がない。永遠に「罪悪生死の凡夫」というあり方をくり返していくのです。

そのことを「人身《にんじん》受けがたし、今すでに受く。仏法聞きがたし、今すでに聞く。この身今生にむかって度《ど》せずんばいずれの生《しょう》にむかってかこの身を度せん」と『礼讃文《らいさんもん》』（三帰依文）で言われているのです。仏法を聞ける今、［我］を出なかったら、永遠にすくわれないのです。

私たちが今、こうして人間に生まれてきたのは、迷いから出るチャンスをもらっているのです。そのチャンスを生かさなかったら、人間に生まれた甲斐がありません。

何のために人間に生まれてきたか。迷いを離れるチャンスをもらったということです。

このチャンスを生かすことが、人間に生まれたいちばん大事なことです。

人間に生まれながら一生涯、真実の教えを聞かず、［我］の［いのち］のままで終わったら、多少出世した、多少金を儲けた、多少何々をしたと言っても、結局はむなしい人生です。

［我］の執われを出なかったら、どのような人生であっても、むなしい人生なのです。だから、たとえ朝から晩まで走り回って大金持ちになっても、むなしい人生ということになるのです。

信心とは、そのことが明らかになることです。これを「機の深信」といいます。

八　法の深信

もう一つは如来さまが明らかになるのです。如来さまが明らかになるから、自身も明らかになるのです。この二つは同時に明らかになるのです。

自身の影《かげ》が見えるのは仏さまの光が差したということです。私の［いのち］の闇が見えるのは如来さまの光に出遇ったということです。どちらが先かあとかではなく、同時です。

光に遇うと同時に、わが［いのち］の闇が見える。だから、この二つが明らかになるのに前後はないのです。

前後をつけると異安心《いあんじん》です。地獄行きだとわかって、初めて阿弥陀さまのお慈悲がわかると、そういう言い方をする人がいます。落ちることがわからないと本当のお慈悲がわからないと。落ちることがわかって光に遇うのではなく、光に出遇うのと、落ちることがわかる。それは同時のことなのです。

私たちの先輩は「機の深信」を「落ちる私」と言った。落ちるしかない私、それと同時に、私を落とすことのない如来さまのお心が明らかになるのです。如来さまのすくいの［はたらき］は私の気づかない過去から始まります。私が落ちるしかないあり方に気づくのは今です。

今のわが身を本当に味わっていく中で、過去のわが身が見えてくる、未来のわが身が見えてくる。それが仏教の過去、現在、未来という三世の見方です。

今がわからないから過去がわからない。今のわが身に気づいたら「ああ、やっぱり私のやってきたことは恐ろしいことだったなあ」とわかるわけです。今がわかることによって過去と未来が見えるのです。

ところが如来さまの方は、そんな私を昔からご心配くださっていたのです。落ちるしかない私のために如来さまは、私の気づく前からご心配くださっていた。私の気づく前から「彼の阿弥陀仏の四十八願は衆生を摂受したまふ」と、如来さまは私の気づくのに先だって四十八願を建てて、私たち衆生を摂《おさ》め取って引き受けてくださっているのです。

如来さまのすくいのみ手は、今初めて私のところに届いたのではなく、私が何もわからない久遠の昔から、もうすでに四十八の願を建ててくださっていたのです。昔の譬えですが、四十八の網を作って、私を落とさないように引き受けてくださっていたのです。私たちはそのことを、お念仏によって今、気づくわけです。

「ああ、そうだったのか、わしがわしがと［我］を張りながら、自分ほど偉いものはないように思って生きていた。落ちるしかない私だった」ということと、「その［我］を張りながら他の人を苦しめていた私のために四十八の願が建てられていた」ということが明らかになるのです。

そんな私が今、仏さまのお心をいただいて「疑うことなく」・「慮（おもんぱかり）なく」、これは今のことです。「彼の願力に乗ずれば」（乗彼願力）間違いなく、おすくいにあずかるのです。

「無疑《むぎ》」、疑うことなくというのは、先に話した［信］ということです。間違いのない仏さまが居てくださったと明らかになることです。「無疑」は、法というか如来さまに対する言葉であり、如来さまに疑いようがなくなることが［信］です。

「二種深信」の言葉は全体が［信］を表すものですが、特に「無疑」が［信］です。「疑うこと無く」というのは、間違いのないお法《みのり》、如来さまに今、遇ったということです。

次に「慮（おもんぱかり）なく」ということですが、「慮」とは人間の計らいですから、「慮なく」とは人間の計いを捨るということです。何をしても私たちのやることは［我］になるという、自身のあり方を明らかにしてくださる言葉です。もがけばもがくほど［我］を強くしていくあり方が明らかになり、自分の計らいを放棄することです。人間は生きていく上で努力しなければいけませんが、［我］を破るということに関してはお手上げです。それは努力ではどうにもなりません。そのことを「自力無効《じりきむこう》」というのです。

他力というのは何もしなくていいということではありません。私たち人間は頑張ったらいろいろなことがやれます。けれども、人間の力でどうにもならないのが［我］の問題です。私たちの［我］は頑張れば頑張るほど強くなります。「慮なく」というのは、そんな計らいはやめるということです。すなわち如来さまにおまかせするしかないということです。「わしが」という［我］についてはお手上げです。

生きていくためには、努力しなければいけません。汗もかかなければなりません。けれども、汗をかいてもどうにもならないのが［我］の問題です。この問題が「慮（計らい）」ということです。努力で［我］を超えるということについては、まったくお手上げです。

信心とは「落ちるしかない私」と「落とすことのない如来さま」の二つのことが明らかになることです。これを「二種深信」というのです。この二つのことが明らかになったら、「彼（阿弥陀如来）の願力」におまかせするしかないのです。

「乗ず」というのは、乗るしかないということです。如来さまのお力に乗る、おまかせするしかない。これが信心です。

「他力だから何もしない」ということではない。何もしないのは、他力でなく横着。（笑い）私たちが、計らってもどうにもならないというのは［我］の問題です。今日一日の生活はいろいろ計らってやればいい。［我］の問題は計らってもどうにもならない。「慮なく」とは、計らうことなく、ただおまかせするということです。

おまかせしたら、「定得往生《じょうとくおうじょう》」、「定んで往生を得る」のです。これが「二種深信」です。

まかせさえすれば、自ずから、間違いなく、この小さな［我］を抜けていけます。如来さまのお慈悲におまかせしたら、自ずから如来さまが、私の［我］を開いてくださるので、私たちはお浄土に往く人生を歩ませていただくのです。そんな［いのち］の歩みを往生というのです。

「定んで往生することを得」。ここで言う「定」は決定ということです。「正定《しょうじょう》」ということです。

「定」に三通りあります。「不定《ふじょう》」と「邪定《じゃじょう》」と「正定」です。「不定」というのは決まらないということです。「邪定」は自分で決めるというのです。「正定」は自分で決めるのではなく、如来さまが決めてくださることによって決まるということです。

［聞］の話のところで言いましたが、「聞いた」ではなく、「聞こえた」ということです。「決めた」ではない「決まる」のです。如来さまが決めてくださって「決まる」のです。

「これだけお寺に参って、お布施をしておいたのだから間違いなかろう」と、自分で決めるのは「邪定」です。「これだけ学長さんに金を渡したのだから入学は間違いなかろう」というのは「邪定」です。これだけ参ったから、これだけ喜んだから、これだけお寺に尽くしたから、往生は間違いないと決めるのが「邪定」です。

「正定」は決まるのです。なぜ決まるのか。自ずから、自然に決まるのです。もっと言えば、如来さまによって決まる。往生というのは決まる問題です。決めるものではないのです。如来さまにおまかせしたら決まるのです。それが信心です。そのことを「法《ほう》の深信《じんしん》」といいます。

昔の人は「落ちる私をおたすけ」と言いました。落ちるしかない私が落ちない私になると言う。矛盾しているようですが、沈むしかない石でも船に乗せたら沈みません。

私たちは石みたいなものですから、放っておくと沈みます。それを引き受けてくださる如来の願船《がんせん》、願いの船があるのです。沈むしかない石のような私が、どれだけ重くても沈まない。どうしてかというと、そんな私を沈めない大きな力があるのです。それが如来さまの願力です。

「彼の仏願に乗ずれば」とは、これを如来さまの願いの船に身をまかせるということです。親鸞聖人の『正像末和讃』に「如来の願船いまさずば　苦海をいかでかわたるべき」とあります。願いの船がなかったら、沈んでいくしかなかった私が、沈まない。

これが二種深信のお示しです。

そういうことが誓われているのが『無量寿経』の第十八願です。

九　第十八願

たとひわれ仏《ぶつ》を得《え》たらんに、十方《じっぽう》の衆生《しゅじょう》、至心信楽《ししんしんぎょう》して、わが国《くに》に生《しょう》ぜんと欲《おも》ひて、乃至十念《ないしじゅうねん》せん。もし生《しょう》ぜずは、正覚《しょうがく》を取《と》らじ。ただ五逆《ごぎゃく》と誹謗正法《ひほうしょうぼう》とをば除《のぞ》く。

（『註釈版聖典』一八頁）

この第十八願を、親鸞聖人が注釈されたのが、『尊号真像銘文』のご文です。

「至心信楽《ししんしんぎょう》」といふは「至心《ししん》」は真実《しんじつ》と申《もう》すなり、真実《しんじつ》と申《もう》すは如来《にょらい》の御《おん》ちかひの真実《しんじつ》なるを至心《ししん》と申《もう》すなり。煩悩具足《ぼんのうぐそく》の衆生《しゅじょう》は、もとより真実《しんじつ》の心《しん》なし、清浄《しょうじょう》の心《しん》なし、濁悪邪見《じょくあくじゃけん》のゆゑなり。「信楽《しんぎょう》」といふは、如来《にょらい》の本願真実《ほんがんしんじつ》にましますを、ふたごころなくふかく信《しん》じて疑《うたが》はざれば信楽《しんぎょう》と申《もう》すなり。この「至心信楽《ししんしんぎょう》」は、すなはち十《じっ》方《ほう》の衆生《しゅじょう》をして、わが真実《しんじつ》なる誓願《せいがん》を信楽《しんぎょう》すべしとすすめたまへる御《おん》ちかひの至心信《ししんしん》楽《ぎょう》なり、凡夫《ぼんぶ》自力《じりき》のこころにはあらず。「欲生《よくしょう》　我《が》国《こく》」といふは、他力《たりき》の至心信楽《ししんしんぎょう》のこころをもつて安楽浄土《あんらくじょうど》に生《うま》れんとおもへとなり。

（『註釈版聖典』六四三頁）

これが親鸞聖人の第十八願の味わいです。「至心信楽　欲生《よくしょう》　我《が》国《こく》」とありますが、「至心」とは如来さまの真実（まこと）。その如来さまの真実をいただくことが「信楽」です。如来さまの真実とは「わが国に生まれさせてやりたい、一時も早く、小さな小さな「我」のこだわりから、広い広い「いのち」の世界に出してやりたい」というお心です。「欲生我国」は、「わが国に生まれさせてやりたい」という如来さまの真実（まこと）が届いた相です。その如来さまの真実、間違いのないお心をいただいたのが信心です。

だから「至心信楽」、如来さまの真実をいただくのが「信」です。信楽の「楽」は喜ぶということです。「信楽」は信心歓喜《しんじんかんぎ》ということです。如来さまの真実（まこと）に出遇って「ああ、よかった。私のようなものでも間違いなくすくわれていく」という喜びです。それは間違いなく仏になる身（正定聚）にしていただいたという喜びです。

そして、その喜びの上からの称名が「乃至《ないし》十　念《じゅうねん》」です。十遍の念仏ということですが、十遍という限定された十ということではありません。「乃至」とは、一乃至十、一乃至多ということです。一声しか称えられない人は一声でいい、一生、お念仏を称えられる人は一生涯称えるがいい、そのことを「乃至」というのです。

最後に気になる言葉があります。「ただ五逆と誹謗《ひほう》正法とをば除く」とあります。「五逆」の「逆」はご恩のある人の恩を逆撫《さかな》でするということ。「謗法」とは法の悪口を言うこと。そういう者は除くというのです。これは五逆と謗法がいちばん恐ろしいことだと注意しながら、それらの人が気になって気になって、捨てることができないというお心であると、親鸞聖人は喜ばれました。そのお心を『尊号真像銘文』に、

「唯除五逆誹謗正法《ゆいじよごぎやくひほうしようぼう》」といふは、「唯除《ゆいじよ》」といふはただ除《のぞ》くといふことばなり。五逆《ごぎやく》のつみびとをきらひ、誹謗《ひほう》のおもきとがをしらせんとなり。このふたつの罪《つみ》のおもきことをしめして、十方一切《じつぽういつさい》の衆生《しゆじよう》みなもれず往生《おうじよう》すべしとしらせんとなり。

（『註釈版聖典』六四四頁）

と明らかにしてくださいました。本当に除けるものなら黙って除く。私たちも自分の子ど

もには口やかましく言います。「そんなことしていて、将来どうなっても知らんぞ」と。本当に知らんで済ませるなら放っておいたらいいのです。「知らない」と言えないから、「知らんぞ、知らんぞ」と言うのです。「知らんぞ、知らんぞ」は「放っておけん、放っておけん」と言うのと同じことです。

昔の話です。このごろは障子がないからだんだん話がしにくくなりました。、昔は子どもが面白がって障子をよく破ったものです。それで親は「そんなことをしていたらお手々ちょん切るよ」と言う。しかし、本当に子どもの手をちょん切ったお母さんはいないのです。

最近は本当にちょん切るお母さんが出てきました。（笑い）怖いですね。最近は本当にわが子を殺してしまう。昔は「ちょん切る」と言っても、ちょん切らなかった。あれは何を言ってるのか。「それをしてはいけない！」と言っているのです。「いけない！」と言いながら、「そんなことしかできないお前が、心配で心配で、かわいくてかなわない」という意味です。

だから、除くということは「除く、除く」と言いながら、「気になって、気になってかなわない」ということです。

五逆謗法の人が悪人です。悪いことをしてもいいと言っているのではないのです。「そんなことをしてはいけない」と言う。いけないけれども捨てることができない。それが悪《あく》人正機《にんしょうき》の教えです。そういう阿弥陀さまの深いお心が第十八願の最後に示されているのです。

（二〇〇三年四月二十六日）

あとがき

本書は、二〇〇三年の三月と四月に、さいたま市で開かれた『心の糧セミナー・歎異抄に学ぶ』での講話をまとめたもので、「歎異抄講話」の二冊目です。

私は、このごろお話をしている時に、ふと、中・高生の時、生まれた大阪のお寺で聴聞していたころをなつかしく思い出すのです。

大阪は蓮如上人以来、浄土真宗のご縁の深い土地です。本願寺派のお寺だけでも八百五十数カ寺あります。その多くの寺で毎月常例のご法座が開かれていました。

お念仏を喜ぶ人は、今日は〇〇寺、明日からは△△寺、近くのお寺に毎日足を運んでおられました。そのような念仏者の一人に、加藤しげのという九十すぎの元気なおばあちゃんがいました。

孫を背負って、大阪市内ならどこでも、ゲタばきでテクテクと歩いてお参りになるのです。

私が聴聞していると、ことのほか喜んで、「ここのお寺はボンが参る」と抱きしめてくれるのです。

中・高生の私は、その当時、加藤のおばあちゃんが参って来られると逃げたい気持ちになりました。今、その加藤のおばあちゃんの温《あたた》かい肌のぬくもりをなつかしく思い出します。加藤のおばあちゃんは、私を育ててくださった仏さまだったのです。

加藤のおばあちゃんのうたを一、二紹介して、「あとがき」とさせていただきます。

なむあみだぶつのお心は
しられてみればありがたや
しんずるたのむのせわまでも
わたしのほうにはいらぬなり

なむあみだぶつのお心は
にげてもにげてもつきまとい
いちどはかならずむりやりに
すくわなならぬこころなり

二〇〇五年十二月十日

藤田徹文

藤田徹文（ふじた　てつぶん）
1941年大阪市に生まれる。龍谷大学大学院（真宗学専攻）修了。基幹運動本部事務室部長、浄土真宗本願寺派伝道院部長・主任講師を経て、現在、備後教区光徳寺住職、本願寺派布教使。
著書に『わたしの浄土真宗』『生死をこえる道』（法藏館）『人となれ仏となれ―四十八の願い―』全7巻（永田文昌堂）『わたしの信心』『聞光力―いのちに遇う』（探究社）『シリーズ「生きる」』全6巻（本願寺出版社）ほか多数。

いのちの出遇い――歎異抄講話Ⅱ

二〇〇六年三月二〇日　初版第一刷発行

著　者　藤田徹文
発行者　西村七兵衛
発行所　株式会社　法藏館
京都市下京区正面通烏丸東入
郵便番号　六〇〇-八一五三
電話　〇七五-三四三-〇〇三〇（編集）
〇七五-三四三-五六五六（営業）

印刷・製本　亜細亜印刷株式会社

ISBN4-8318-3831-4 C0015